[美] 詹姆斯·A. 朗德　著
（James A. Runde）

唐京燕　译

［珍藏版］

摩根士丹利副主席的
40年职业洞见

投行人生

机械工业出版社
CHINA MACHINE PRESS

本书是在同一家投行效力时间最长的美国投行家——摩根士丹利分析师詹姆斯·A. 朗德的40年职场经验分享,从职业生涯规划、客户关系管理、做卓越的领导者三个角度,分享了作者自我管理、客户管理、团队管理的宝贵经验。朗德每年都会做大约50场演讲,内容涵盖投行人士的情商和软技能的提升。他的演讲在华尔街金融圈和美国众多高校广受欢迎。在摩根士丹利,他作为投行家的生涯已经成为一代传奇。

图书在版编目(CIP)数据

投行人生:摩根士丹利副主席的40年职业洞见:珍藏版/(美)詹姆斯·A. 朗德(James A. Runde)著;唐京燕译. —北京:机械工业出版社,2022.7

书名原文:Unequaled:Tips for Building a Successful Career through Emotional Intelligence

ISBN 978-7-111-71046-2

Ⅰ.①投… Ⅱ.①詹… ②唐… Ⅲ.①金融业—职业选择—通俗读物 Ⅳ.①F83-49

中国版本图书馆 CIP 数据核字(2022)第124286号

机械工业出版社(北京市百万庄大街22号 邮政编码100037)

策划编辑:李新妞	责任编辑:李新妞	
责任校对:薄萌钰 王明欣	责任印制:郜 敏	

三河市国英印务有限公司印刷

2022年9月第1版第1次印刷

169mm×239mm · 11.25 印张 · 2 插页 · 108 千字

标准书号:ISBN 978-7-111-71046-2

定价:68.00元

电话服务

客服电话:010-88361066
010-88379833
010-68326294

网络服务

机 工 官 网:www.cmpbook.com
机 工 官 博:weibo.com/cmp1952
金 书 网:www.golden-book.com
机工教育服务网:www.cmpedu.com

封底无防伪标均为盗版

业界推荐

詹姆斯·A. 朗德的书回答了很多专业人士欲言又止的问题。他的建议既清晰又有实操性，重点着墨于如何行动、如何更好地服务客户，对所有的专业服务领域人士都大有裨益。我真希望在我 27 年的职业生涯初期就能拜读此书。

——诺拉·奥弗瑞塔（Nora Aufreiter），麦肯锡荣誉董事

如果你想要寻求在专业领域的职业发展建议，这本《投行人生》堪称瑰宝。任何的年轻投行家、律师或其他专业的年轻人，都不要错过本书。

——托马斯·J. 瑞德（Thomas J. Reid），
达维（Davis Polk & Wardwell）律师事务所管理合伙人

不论你是刚踏入职场的年轻人还是经验丰富的 CEO，都能从本书中找到极具实用性的建议。朗德分享了他个人的 40 余年职场经验，有成功光鲜的，也有失败痛苦的。借鉴他的经历，你可以少走弯路，取得更大的职场成功。

——W. 罗德尼·麦克马伦（W. Rodney McMullen），
克罗格公司董事会主席和 CEO

朗德通过此书告诉大家：要在职场上有所成就，靠的不仅是专业知识和刻苦勤奋。朗德用通俗易懂的文笔解释了平庸与优秀之间的差异。

——罗纳德·L. 萨格南特（Ronald L. Sagnent），
史泰博（Staple）公司董事会主席和 CEO

本书献给我的太太芭芭拉，是她成就了最好的我。

前　言 Preface

　　当我们团队参与 UPS IPO 的时候，那是当时史上规模最大的公开发行项目。哥伦比亚商学院的一个小组从《华尔街日报》 (*Wall Street Journal*) 上读到了关于该笔交易的新闻，问我能否就为什么能够赢得该项目在学校发表演讲。这个 IPO 项目确实非同寻常，UPS 选择摩根士丹利作为首席承销商之前，并未与其他投资银行有过任何交流。

　　我在哥伦比亚商学院为年轻的学生们做演讲，告诉他们情商、以信任为基础的客户关系和其他软技能的重要性。该演讲得到极大的好评，在 IBM、普林斯顿大学、达维 (Davis Polk & Wardwell) 律所和整个摩根士丹利都引发了长久的共鸣。我听说，演讲之所以受欢迎，是因为我分享了从自己的失败和他人的经验中学习的过程。听众们表示，他们很喜欢从成功的实操者那里听取切实的建议。

　　我是自助类书籍的多年追捧者，但我发现，大部分书籍都是无关痛痒或者实属白日梦流派的。我也会阅读关于金融和银行的书籍，这类书籍充斥着复杂的公式，但其中对"客户"的描述往往是一片空白——甚至在词汇索引中都看不到。投行、咨询、法律或财务等专业服务领域的从业者，无法找到一本能够对交易提供切实帮助的书。于是，我想我的演讲或许能填补这个空白。

　　随着时间的推移，人们对我演讲的需求与日俱增，本书的第一部分内容就是由平日的演讲内容提炼而来的，"规划自己的职业生涯"演讲在商学院和员工招聘中受到特别青睐。后来，我了解到中级投行人员想知道如何才能更有商业头脑，而找到有成功经验的老师来解答这类问题实在是太难了。于是，我受邀分享自己以往面对客户的经验，本书第二部分的雏形就来自与此相关的商业演讲。五年前，由于曾帮助了初级投行人员规划职业生涯，又帮助中级投行人员做成交易，我认为应该对那些在机构中担任经理和领导的高级投行人员做一些分享。本书第三部分针对这些更为资深的群体。

我每年差不多会在全世界做 50 场演讲。在这些与众不同的演讲里，我专注于实战经验分享，在演讲结束后把演示文稿共享出来。我也会通过邮件反馈来完善我的文稿，这些邮件也常常延伸为一对一的咖啡对谈。很多咖啡伙伴一直与我保持联系，并在他们职场取得进步时持续为我的演讲提供建议。得益于这些反馈，我的演讲内容越来越厚实。

本书是三类演讲、同事反馈，以及在导师经历中学习的功课的总结。我撰写此书，就是希望帮助更多的人在他们的专业服务职业生涯中取得成功。

以上是我写书的目的。那么，谁应该读这本书呢？

在坚持演讲的数年里，我发现自己的演讲已经超越了投资银行领域。本书适用于需要依靠情商和良好的客户关系走向成功之路的任何工作，也适合希望在职业生涯中取得成功的人士。初入专业服务领域的年轻人会喜欢这本书，老练的专业人士同样会在书中找到诸多闪光点。本书的第一部分告诉年轻人如何在专业服务领域，把一份"工作"变成一份"职业"。第二部分为正在或准备与客户打交道的所有人士提供了关于客户关系的建议。第三部分对即将或正在专业服务机构担任领导职务的人士提供了重要指导，无论此类人士是带领一个小型团队还是带领专业服务机构的众多部门。

以上介绍了应该阅读此书的读者类型。那么，本书究竟应该怎么读呢？

银行和其他专业服务机构都面临人才短缺的困境，特别是在思维和行动上与公司保持一致的人才；他们需要在人际交往、建立以信任为基础的客户关系、领导团队、拥护公司的战略和文化，以及承揽业务等方面有突出的能力。本书的目的是帮助大家从我的经验和错误中学习，使自己在职业生涯的每一步都能成为能力卓越、思维和行动与公司战略匹配的人才。

在当今的专业服务领域中，情商能够让人脱颖而出。情商是查验自己和他人情绪、识别不同的情绪并给予合适的处理，以及运用情感信息来引导思维和行为的能力。在职场中，情商是对工作绩效的唯一预测标准，也是领导力和个人成功的重要驱动力。在过去 40 年的投行生涯里，我学习用情商来建立长期稳定的人际关系。**缺少情商，你在公司里就好像"隐形人"——不被认可、不被感激、不被提拔，也常常得不到对应的报酬。**

在本书中，我会告诉你，情商和软技能"为什么"并"怎么样"在商业和战略上发挥作用。情商解释了为什么智商平庸之人会比智商卓绝之人的业绩表现更加优秀。情商已经成为商业语言的一部分，但常常被隐藏在行业黑话和心理学专业术语中。我认为，情商不仅仅是指个人魅力或者性格，情商代表了适应能力、学习能力和同理心。

在职业生涯初期，你或许很快就会发现，自己既聪明又勤奋，跟其他所有同事一样。刚步入职场时，人际交往能力能让你脱颖而出。除此以外，理解你所在机构的企业文化，将之与你的行为举止融会贯通，也是获得赏识的条件之一。作为专业服务领域的新人，你要重点考虑的因素包括跟老板的沟通、社交，以及寻找导师和支持者。上述因素构成了职场的成功法则——能力、机遇和勇气。

在职业生涯的第二阶段，服务客户的时候，被信任和被欣赏远比拥有百科全书般的知识或熟知复杂的公式更有力量。建立关系并把关系转化为收入是重点，显然这并不容易。你需要从信息中提炼见解，并合理运用时间。

职业生涯第三阶段涉及带人和建立团队。本书提供了有关委任及激励知识型员工的案例和建议，解释了何为好老板和杰出的领导者。在当今的商业社会，领导者需要预料到、参与到科技及人的变革中。

若你在阅读本书后观念发生了改变，更重要的是，你的行为发生了变化，本书就成功了。我的目标是为你提供有用的工具，助你开启满意的、成功的职业生涯。

致　谢

这本书和许多曾在我的生活和工作中出现过的人有关。首先，我的父母对我的人生给予了强大和正面的影响。母亲和父亲向我灌输了对信仰、教育和团队协作的深刻尊重。我永远感激他们的指导和付出。

也要感谢那些对我的职场成功提供帮助的人，他们授之以渔，亲身向我展示如何用一流的方式做一流的业务。他们对我的职场成长的帮助极大。Parker Gilbert 是我在商业道德和财务判断上的楷模，也是一位忠诚的友人。Griff Sexton 是我进摩根士丹利认识的第一人，一直是我职场生涯中的导师。

特别感谢摩根士丹利的主席兼 CEO James Gorman 和总裁 Colm Kelleher。他们两位是现实生活中最优秀的职场典范和行业领袖，帮助公司度过金融危机后的艰难转型时期。他们对战略、股东价值和成本的专注，让摩根士丹利重塑了商业模式，并为公司保存了投行领域最优质的客户资源。

如果没有我太太 Barbara 和我的孩子 Dan、Kevin 和 Kate 的帮助和鼓励，这本书也无法成形。作为出版行业的专家，Kate 和她的洞见在成书的整个过程中给予我极有价值的帮助。

我还要感谢帮这本书出版发行的 Diana Giddon，特别是她的专业建议，以及在编辑和修改书稿中的坚持和协助。我对她的感谢无以言表。

她对本书的内容非常了解，就好像她是专业服务机构的顾问和投资银行家一样。

我的几位友人阅读了整篇书稿并给出了有价值的反馈。Cory Spencer 不仅对书稿提供了有帮助的评论，还对编写形式和全书结构给出了建议。我还要感谢我的姐姐 Kate Rabb，还有 Lenore Pott，Ken Pott，Bob Hallinan，Peg Sullivan，Mary Clare Delaney，Jennifer Zimmerman，Rebecca Tyson，Erika Gruppo，David Darst，Daisy Dowling，Emily Rosenfield Magid，Lauren Garcia Belmonte，Felicity Tan，Ching-Ching Chen，Levi Malik，Vanessa Capodanno，Sarah Philips，Jessica Zoob 以及 Alison Kittrell。

感谢 John Wiley & Son 出版社自始至终的付出。Pamela van Giessen，Bill Falloon，Meg Freeborn 和 Laura Gachko 对于全书润色和定稿至关重要，在此表示衷心的感谢。

目 录 Contents

业界推荐

前　言

致　谢

第一部分
成功的职业生涯需要规划
如何自我管理

第一章　有了聪明和勤奋，还不够 / 003

在职业生涯早期，我深刻体会到情商
（或缺乏情商）比智商更有杀伤力。

第二章　情商：优质人生的秘密 / 007

我把情商归结为适应能力（adaptability）、
分享与协作（collegiality/collaboration）
和同理心（empathy），简称 ACE。

适应能力 / 008

复原力 / 010

协作力 / 011

同理心 / 013

第三章　不要忽视：细节、截止期限和数据 / 017

当我应邀在华尔街发表有关职业建议的演讲时，总有人会问我，对于刚入职场的年轻人，我有什么建议。我的回答是，年轻人要将三样事铭刻于心——细节、截止期限和数据。

细节决定成败 / 019

明确截止期限 / 021

数据要准确无误 / 024

第四章　明确期望，定期评估 / 027

首先，你需要明确现有工作的业绩评估标准，从中发现升职的关键因素。然后，约你的老板喝咖啡，了解他对你的期望，与老板保持步调一致。

升职中的关键因素 / 028

和老板喝咖啡 / 030

第五章　社交资本：风险、 收益和技巧 / 033

社交有助于你的整个职业生涯。根据我过往的经验，我笃定地告诉你，如果你不社交，无论是个人生活还是职业晋升方面，你都将悔恨不已。

要有自己的圈子 / 035

有条有理 / 036

破冰 / 036

互惠 / 037

第六章　定位：全面认识你自己 / 039

你需要对自己可提升的方面、公司和客户是如何看待自己等真实情况有客观全面的认识。

怎样才能更幸福 / 041

为理想的工作规划蓝图 / 042

面对职场的顺风或逆风要不忘方向 / 044

第七章　自我营销：说出来 / 047

一位老朋友曾经告诉我："一个观点值 20 分 IQ。"

说出来 / 049

第八章　找到支持力量 / 051

你的"支持金字塔"中应该包含这些角色：榜样，导师，支持者。

找到你的榜样 / 052
导师 / 053
支持者 / 054

第九章　神奇的成功法则 / 057

要想在专业服务领域取得成功，你必须要重视一个神奇的成功法则：能力、机遇和勇气。

能力 / 057
机遇 / 058
勇气 / 058

第二部分
保持商业头脑
如何与客户共事

第十章　为什么商业头脑与你有关 / 063

部分专业服务领域的公司认为，所谓商业头脑，就是你通过营销或者个人能力为公司赢得新的商业机会的意识。

将客户关系转化为公司收入 / 064
怎样更具备商业头脑 / 065

第十一章 如何赢得生意 / 071

要证明自己的商业头脑，最好的办法就
是做成一单业务。

建立客户关系的艺术 / 076

如何把客户关系变现 / 077

如何更好地说服他人 / 081

第十二章 如何准备客户会议 / 083

准备客户会议的四个 R：Read（阅读）、
Reach（接触）、Raise（提出）和 Ready
（准备好）。

准备客户会议的四个 R / 083

改变观念 / 086

善始善终 / 088

怎样开口招揽业务 / 090

面对拒绝 / 092

第十三章 如何在客户面前脱颖而出 / 095

如果你能够了解客户的显性和隐性的需
求，并让他们心怀感激，你的客户就会
通过购买行为和忠诚来回报你。

通过欣赏和信任让自己脱颖而出
/ 095

通过深刻洞见让自己脱颖而出
/ 097

运用苹果五步服务法则 / 099

第十四章 彻底了解客户 / 101

为了更多地、更好地了解客户，你最好
在客户端有内线。

了解客户的特征 / 101

如何得知你与客户的关系有了进展
/ 103

第十五章　公司战略怎样产生商业价值 / 105

把战略和执行结合是不容易的差事，但
对商业结果至关重要。

了解公司战略 / 105
连接公司战略与商业影响力 / 106
客户雇用了你的公司，也雇用了你
/ 107
以信任为基础的客户关系 / 110

第三部分
做卓越的领导者

第十六章　善用人才和带领团队 / 117

专业服务机构的员工需要被带领、被委
用，而不是被管理。

三顶帽子 / 120
团队建设的 3C / 123
筛选团队候选成员 / 125

第十七章　人才之战 / 129

专业服务机构怎样才能在新的人才战争中
胜出呢？领导者需要认真思考人才战略，
专注于全面的人才方案，包括招聘、任用、
保留、流动和多样化。

青年人的职场诉求 3M / 132
对职场的 3D 变化保持敏感 / 133
价值和文化 / 135

第十八章　卓越领导力的重要性 / 137

一个团队会忘记老板说过的话，也会忘记老板做过的事，但永远不会忘记当初老板是如何对待他们的。

赫茨伯格的保健—激励理论 / 137

团队不会忘记当初你是如何对他们的 / 139

积极领导力的重要性 / 140

领导者的定义 / 142

反应还是应对 / 145

适应性领导 / 147

第十九章　控制所能控制的 / 151

这些可控因素不仅有助于向客户提供一流的服务，而且有助于建立持久的商业模式和强大的内部文化。

第二十章　最后的建议 / 153

推荐 10 本对你有益的书，以及一些实操技巧总结。

10 本对你有益的书 / 153

有效的实操技巧 / 156

总结 / 159

关于作者 / 161

第一部分

成功的职业生涯
需要规划
如何自我管理

投行人生

摩根士丹利副主席的 40 年职业洞见（珍藏版）

你可曾思考过公司晋升游戏中鲜为人知的秘密？你可曾想过，除了聪明伶俐和勤勉做事，还有什么能够让你在职场所向披靡？

第一章

有了聪明和勤奋，还不够

你可曾思考过公司晋升游戏中鲜为人知的秘密？你可曾想过，除了聪明伶俐和勤勉做事，还有什么能够让你在职场所向披靡？

1974 年伊始，当我刚踏入投资银行领域，曾一度以为自己靠的是聪明和勤勉才能在顶尖投行摩根士丹利谋得一职。但在工作的第一天，我只花了 10 分钟就意识到，办公桌左侧的女士比我更天资聪颖，而右侧的男士做起事来比我更加勤奋。我想："实在是不妙。我在智力上不及女同事，在勤奋上也远逊于男同事。在这两点上，我被他俩包饺子，毫无胜出可能。"

故此，我认为除了聪明和勤勉，存在其他原因使我（事实上包括所有人）获得这份工作。情商（emotional intelligence quotient，即 EQ）是我唯一的王牌。

我的高情商得益于来自超级大家庭，以及在海军与真正的智者共事的经历。我出生于威斯康星州一个叫斯巴特的小城，家里有 10 个兄弟姐妹。我很快学会了如何聆听，以及如何与不同年龄和癖好各异的兄弟姐妹和睦相处。我的父母是学校的老师。他们在威斯康星郊区的小教室里给八个年级的孩子授课。在家里，父母教会了我们完成团队任务。

从马凯特大学（Marquette University）毕业后，我加入美国海军，并在核动力海军之父里科弗（Rickover）上将手下的核动力团队工作了五年。

我在海军的第一个月跟我在摩根士丹利的第一个月非常类似。我很快意识到，要生存和胜出，我需要的不仅仅是聪明。做到与人为善、向他人寻求和提供帮助和建立人际网络，能让我更好地解决问题且给出深刻见解。这些为人处世的法则，在创建属于自己的专业服务机构时，我也如法炮制。

在职业生涯早期，我深刻体会到情商（或缺乏情商）比智商更有杀伤力。记得有一次，我们正在向华特迪士尼（Walt Disney）公司争取某项并购交易。数次尝试后，我们终于说服迪士尼的 CEO 访问摩根士丹利的纽约总部。兼并收购部门的负责人表示，应该让我们最聪明的并购专家负责该会议，让我们姑且称其为比尔吧。

比尔做了大量的分析，仔细地向迪士尼的 CEO 演示了并购交易的宏伟规划和具体建议。不过，CEO 对比尔的提议不以为然，随后他告诉了比尔完全不同的个人见解。在 CEO 滔滔不绝地讲述了自己的目标和想法后，比尔直愣愣地盯着 CEO，面无表情地反问道："你是在学米老鼠做事吗？"

CEO 的脸顿时涨得通红，他站起身来，离开了大楼。稍微识趣点的人就知道，挖苦讽刺潜在客户是最糟糕的待客方式。比尔或许在并购分析方面很在行，但是他的情商堪比一头蠢驴。

第二章

情商：优质人生的秘密

————————

为什么智商平凡的人能在各类表现上优于智商超群的人？大脑和行为科学专家丹尼尔·戈尔曼（Daniel Goleman）博士的著作《情商：为什么情商比智商更重要》[⊖]详细阐述了情商和智商的区别。情商证实了聪明机智不仅仅需要人们掌握事实和公式，更需要人们掌控自己的情绪且理解周围人的情绪。情商决定了一个人能否拥有成功的事业、优质的人际关系和幸福的人生。

情商与人际关系紧密相关：

- 你与自己的关系（自我认识、适应性）。
- 你与同事的关系（分享、协作）。

————————

⊖ 尼尔·戈尔曼（Daniel Goleman）博士于 1995 年出版了《情商：为什么情商比智商更重要》（*Emotional Intelligence: Why It Can Matter More Than IQ*）。

● 你与客户的关系（同理心）。

综上，我把情商归结为适应能力（adaptability）、分享与协作（collegiality/collaboration）和同理心（empathy），简称ACE。

适应能力

生存下来的物种不见得是最强壮或者最智慧的。最终是适者生存。

——查尔斯·达尔文（Charles Darwin），

英国博物学家和地质学家

让我们先从适应能力着手。专业服务机构不是一成不变的。竞争格局在不断变化，只要问问那些曾经在雷曼兄弟（Lehman Brothers）、贝尔斯登（Bear Stearns）或者安达信（Arthur Andersen）工作过的人就知道。技术引领潮流，当我开始在摩根士丹利工作时，还在用打孔卡来录入数据。领导力在革新，华尔街投行经历着周期性重组调整。监管规则也在与时俱进，比如多德—弗兰克法案⊖和沃尔克法则⊜引发了重要的战略和结构性调整。鉴于以上种种变化，适应能力对于个人职业发展至关重要。

⊖ 多德—弗兰克法案（Dodd-Frank Act）被认为是"大萧条"以来美国最全面、最严厉的金融改革法案，为全球金融监管改革树立了新的标尺，于2010年7月15日通过参议院投票，2012年10月13日正式实施，核心内容是在金融系统当中保护消费者。——译者注

⊜ 2010年1月21日，美国总统奥巴马宣布将对美国银行业做重大改革，采纳了82岁的金融老将保罗·沃尔克（Paul Volcker）的建议，因此其方案被称为"沃尔克法则"（Volcker Rule），其核心是禁止银行从事自营性质的投资业务，以及禁止银行拥有、投资或发起对冲基金和私募基金。——译者注

适应能力始于你在职场中的某一时刻对所处环境及所需改变的自我意识。所谓自我意识，就是你有能力识别自己的情绪并分辨这些情绪如何影响你的思想和行为。自我意识可以帮助你适应在职业生涯中遇见的各类领导及其不同的领导方式。

在漫长的职业生涯中，你肯定会参与各式各样的项目或产品，需要与不同性格的客户打交道。例如，当新上任的 CFO 加入客户决策层，投行团队就好像处处受到掣肘。这意味着投行团队需要寻找机会向新任 CFO 证明自己的价值。如果你是投行团队的一员，你要有意识地去探明新任 CFO 对你的定位，思考自己应该如何去适应新任 CFO 并成为其称职的财务团队成员。

随着你的职位逐步晋升，你也需要适应新的身份，厘清新的责任。让你成为优秀经理的特质不见得能继续帮你在副总级别上发光发亮。如果你仍然像个经理一样只关注自己的研究或 Excel 表格，你就没有办法像副总一样为客户提供服务。

你还需要重视的是，对副总级别的工作要求或评估细则并不能保证你成功进入下一个级别。在工商管理类经典著作《习惯力》[⊖]一书中，作者解释到，成功者往往会跌入顽固僵化的陷阱，认为他们不需做任何改变了，因为他们目前为人行事的方式行之有效。事实上，你只有继续改变，才能够保证自己继续在职场驰骋。

⊖ 马歇尔·戈德史密斯（Marshall Goldsmith）于 2007 年出版工商管理类经典著作《习惯力》（*What Got You Here Won't Get You There: How Successful People Become Even More Successful*）。

复原力

逆境是最好的课堂。

——本杰明·迪斯雷利（Benjamin Disraeli），

英国政治家、作家

本杰明·富兰克林（Benjamin Franklin）以聪明睿智和学富五车闻名于世。他有一句名言是"除了死亡和税收，没有什么是确定的"。我深表赞同，不过我认为他忘记了"逆境"。每个人都会碰到个人和职业上的挫折。我亲眼看过数位同事因为晋升不顺、错失交易或者其他突发的负面事件，情绪失控甚至差点抑郁。有些时候，他们无法从情绪的低谷中走出来，从而导致他们的职业生涯和声誉受损严重。

根据美国心理协会（American Psychological Association）的定义，复原力（resilience）指应对压力、挫折和不确定性的能力。复原力代表了你在面对逆境时接纳现实和面对未来的韧性和顽强意志。复原力可以帮助你在逆境中不至灰心丧气——至少看起来如此。在经过适当的调整后，你能够成熟地处理不确定事件和失望情绪，而不再以挫折的受害者自居。

刻意练习积极乐观的思考方式和培养坚强的品格，能帮助你提高应对挫折的能力。

我的亲身经历告诉我，只要我们的认识够充分，复原力是可以后天习得并通过练习不断巩固的。强大的正面关系网络是建立复原力的重要基石。积极的社会关系网络支持会带来更优秀的表现和幸福感，特别是在面对压力的时候。不要等到出现危机后才去后悔，从现在开始就要系统地、有意地增强你的积极的社会关系网络。在面对挑战的时候，身边的人会带给我们重大影响。

你处理危机的能力也取决于你的状态——身体的、情感的和心灵的。恰当的锻炼、休息和健康的生活方式会帮助你释放压力，给你带来更多的复原力。你无法预料或避免烦恼，但你可以让自己做好准备，在危机袭来的时候，能够正面接受并积极应对，而不是反应过度。

协作力

个人向集体委身——这成就了团队协作、公司协作、社会协作和文化协作。

——文思·伦巴蒂（Vince Lombardi），知名足球教练

你的幼儿园老师有没有向你表示过"你和小朋友玩得很好"之类的赞许？通过协作，一支团队能够比单个人做出更大的成就。

在专业服务机构，协作至关重要。因为共同的目标能够使团队成员团结起来，尊重彼此的能力和观点，从而顺利完成工作。

詹姆斯·索罗维基（James Surowiecki）在《群体的智慧：如何做出最聪明的决策》⊖一书中阐明了一个简单的道理：一个集体比一小撮精英更智慧，无论这一小撮精英是多么聪明、善于创新或者解决问题。索罗维基将两类做决策的方式进行比较，即由少数专家组成的小群体和由普通人组成的大群体分别进行决策。他发现，由普通人组成的大群体可以避免由专家组成的小群体的弱点，做出更明智的选择和判断，并给出了分析和相关的案例。这与很多人的认知不一样，有些人认为，特殊的少数人群可以做出更有效的决策。

在专业服务机构中，协作的重要性日益凸显。工作团队是全球化并分散在各处的，工作场合可能是虚拟的。随着客户需求的日益复杂，专业团队的规模也日趋庞大，汇集了跨产品、跨行业的众多专家。我们开始越来越依赖企业中后台的协助，包括财务、内部法务、市场等部门。过去，你看到的交易团队可能由几位投行家搭配一两位内部律师构成。如今，若是遇到复杂的交易结构，交易团队可能扩展至 8 个小组，还包括会计、外汇交易、技术、大宗商品、法务和市场公关等小组。

为了在专业服务机构中有立足之地，你需要与你的同事相处融洽、合作顺利。而只有在团队成员共同努力的情况下，整个团队才能成功。

⊖ 美国《纽约客》专栏作家詹姆斯·索罗维基于 2005 年出版了工商管理类经典著作《群体的智慧：如何做出最聪明的决策》（*The Wisdom of Crowds: Why the Many Are Smarter Than the Few and How Collective Wisdom Shapes Business, Societies, Economics, and Nations*）。

同理心

斯科特，教你一招简单的，掌握后你就可以跟各式各样的人相处融洽。记住，你不会真正了解一个人，除非你从他的角度考虑事物，除非你真的愿意设身处地从他的立场出发。

——阿提克斯·芬奇（《杀死一只知更鸟》男主角，1962 年）

同理心是指能够理解他人的感受，把自己放在他人的立场上去思考。同理心可以帮助你建立与客户的信任关系。

从专业服务机构迈入职场的人们往往以为，找到问题的解决方案是工作的难点。在专业服务领域，我们一直专注于解决问题之道，但我们发现找到正确的解决之道并不是最困难的任务。根据过往的经验，若是一位客户将他的困难坦诚相告，凭着我们拥有的足智多谋、经验丰富的人才，大家齐心协力，总能够给出最优的解答。而真正的挑战是了解客户真正的困难。

所以，若是我错过了一单生意，不是因为客户不认识我或者我不够聪明。我错过了这单生意，是因为客户并没有把回答问题的机会留给我。不是因为他没有给我打电话，而是因为他对我不够信任，所以不愿意把他的困扰坦诚相告。招揽生意的关键是让客户信任你，甚至喜欢你，然后他才会愿意对你推心置腹。

建立信任和坦诚相待的关系需要数年时间，但用心栽种总会迎来收获。我曾经与一位客户就尚不成熟的并购战略探讨了数年。这些年下来，我的有效倾听和可靠的人品赢得了客户的信任。最终，这位客户亲手把当年规模最大的 IPO 主承销商的殊荣交予我们公司。

要如何与客户建立信任呢？当你把自己放在客户的角度，自然而然地，你就开始理解并尊重客户的思路。在理性和感性并重的真诚交流中，双方的信任就油然而生。通过开放式的提问和用心聆听客户的回答，你在一点点建立对客户的同理心。希腊哲学家爱比克泰德（Epictetus）有一句名言："我们有一双耳朵和一张嘴巴，故此，我们花两倍的时间在聆听上是理所应当的。"只有在你和客户建立起良好关系，并且对方真心欣赏你后，信任才会有根有基。

在专业服务领域，若一位客户错过了升职，大部分人的建议是，你最好与他保持距离，暂时不要联系他。我也曾经历过升职失败，当时的沮丧和失败难以形容。当我还陷在自怨自艾的情绪中时，我感觉所有人都想避开我。而我却多么渴望获得精神上的鼓励，哪怕只是一句简单的问候。

对于升职失败的挫折，我能感同身受，所以我常常会主动致电尚在低谷的客户。我的做法很简单，就是告诉他我已经得知最新的升职讯息，并问对方我能够做什么。在客户遭遇不顺的时候，直接的沟通非常重要——这有利于建立信任。

比如，当客户公司的财务主管在某次晋升中没有被提拔成 CFO，我会立即致电对方，告诉他"你还有很多的职业选择"。如果需要，我可以作为推荐人，把他推荐给同行业的公司。我用相同的方法帮助过很多人。每当我这样做的时候，我与对方的关系就迈进了一大步。大多数人都想着锦上添花，很少人有魄力做到雪中送炭。

把自己放在客户的位置上，向客户表达你的同理心。这有助于建立信任。客户不会忘记在自己身处低谷时伸出援手的那位投行家。

当然，仅仅倾听是不足以建立客户信任的。你需要进一步展现你的诚信来塑造你在对方心中的形象。为了表示你的诚信，你要做到言行一致。有一句古话叫作日久见人心，时间长了，客户自然就会明白你是值得信赖的。

同理心是关键，但单靠同理心也是不够的。在专业服务领域，对于客户关系，你的目标是把自己从服务提供者的角色转变为客户信赖的顾问。客户的信任是业务承揽的秘诀。在我过去承揽的投行项目中，成功的关键在于客户信任我、欣赏我，而不是所谓的深刻洞见或者分析能力。

同理心并不是同情心。同理心是指对他人感同身受的能力，在意境上已经超越了同情心，即感受对方的负面情绪并提供安慰。同理心可以建立更深刻、更有意义的个人联结，就好像一座沟通的桥梁，使个体间、领导和下属间联络畅通。在商业价值之外，作为一种品质和美德，我们都需要刻意地培养同理心。

第三章

不要忽视：细节、截止期限和数据

我活得越长，就越发现生活态度的重要性。对我而言，态度远比事实重要……我们不能改变过去……我们不能改变他人迥异的性格，我们不能改变大势所趋，我们唯一能够做的就是改变自己的态度。我确信，生活的10%在于发生在我身上的事情，而另外的90%在于我如何应对。这套规律对你也是适用的……我们是自己态度的主人。

——查尔斯·R. 斯文杜（Charles R. Swindoll），
布道家、作家和教育家

当你准备在事业上大展拳脚时，你若有陪着雇主和客户多走一里路的态度，必能赢得老板和同事的赞赏。

当我刚开始从事投资银行的工作时，我时不时会让周围的人很郁闷，可能是因为我的苦瓜脸，可能是因为我抱怨某项任务对我来说太简单。很快地，我就发现抱怨不已和自命清高会使人裹足不前。所以，千万不要这么做。

幸运的是，有位资深前辈把我拉到一边，告诉我，态度不佳会让我的职业进一步陷入困境。她传递的信息大致是："当我们共事时，我可以感受到你在接到任务后的不悦，以及你期望接到更有挑战的任务。我很奇怪，你竟会为了类似 X、Y、Z 这样的小事而内心愤懑。你做得还算不赖，但是软技能同样重要，而忽视这些细节会让你的工作绩效大打折扣。我期望你做得更好，在这些方面是你可以改进的。"我很感激她花时间来教导我。

积极的态度还能让人少犯错。在职业生涯初期，你总会不可避免地犯一些错误，可能是低级愚蠢的失误，也可能是粗心马虎造成的过错。如果是愚蠢的失误，你可以通过练习来避免。我们都会犯错。

但是，如果你的过失是因为不够用心导致的，这就要严肃对待了。可能是你没有尽到勤勉的责任，也可能是你没有积极的工作态度。相比因态度不积极导致的过错，态度积极但偶尔犯一些通过强化练习就能避免的失误则让人放心多了。

另外，在职业生涯早期，你需要对个人职业发展有远大的战略眼光。没有人愿意因沉溺在细枝末节错过职业发展的良机。如果你积极向上，不抱怨，愿意"吃亏"，你就为自己制造了更多的机会学习新的技能，认识新的朋友，最终会收获做事靠谱的美誉。只要耐心耕耘，你就会收获满满，比如说有他人不具备的经验，认识他人不认识的贵人，还有美誉一路跟随你。

举个例子，在某年，我错过了升职的机会。接下来的一年就变得特别重要，我把为公司创造收益作为升职的重要手段。两位领导让我在 7 月的第四个周末去洛杉矶参与公司战略计划的制订。坦白来说，我不愿意为了行政工作而放弃 7 月的第四个周末。我认为自己只要为公司带来足够收入就可以晋升，实在不理解在夏日的周末去洛杉矶开内部会议会有什么收获。其中的一位领导看出了我的心思，他提醒我："这对你来说绝对是好事，相信我。"于是，我收拾好心情，笑眯眯地跟着两位领导去了洛杉矶。

若不是因为这次内部会议，我不会与一位资深前辈建立个人关系，我甚至都不会有机会跟他接触。或许你会感到意外，就是这位前辈，在我接下来的晋升过程中扮演了重要角色。通过这次内部会议，我对公司的业务及发展规划有了更深刻、更清晰的认识。在理解公司的战略部署和行动计划后，我在接下来的职业道路中如有神助。

当我应邀在华尔街发表有关职业建议的演讲时，总有人会问我，对于刚入职场的年轻人，我有什么建议。我的回答是，**年轻人要将三样事铭刻于心——细节、截止期限和数据**。

细节决定成败

要在细节上做到位，需要两样品质（或是态度）：**周全细密**和**足智多谋**。虽然细节背后的工作内容不怎么刺激，但是每家专业服务机构在追求细节上都是一丝不苟的。事无巨细，你需要认真思考通向成功之路的每一步的变数。卓越的员工不仅擅长规划，他们在执行层面的优势更为明显。在专业服务机构，做事一步到位、态度正面积极、重视细节，会让你在职业生涯初期就树立起个人品牌和声誉。

每开始一项任务，你都要不断思考如何做才能让老板获益。比如说，你准备主持一场会议，你的目标是制造一种轻松和谐的氛围，让客户感到舒心和被肯定，让老板感到议程有组织和有效率。故此，你要提前预订会议室和安排大楼安检，提前准备餐饮和甜点，在客户到达前就把餐饮和甜点放到会议室。若餐饮在会议中进场，参会者的发言就只能在摆放杯碗盘碟的叮叮当当声间穿梭，会议就被打扰了。

在客户到达前，你要检查所有技术设备。如果需要，请技术支持人员帮助你检查会议播放的幻灯片，幻灯片的播放效果可能因为电脑配置的不同而打折扣。特别是若有人通过电话拨入参与会议，你需要检查电话接入系统能否正常操作。细节决定成败，你需要证明自己在被委任更大挑战前，能够做好当下的细节管理。

如果你在检查细节的时候发现了一个故障，你要通过聪明才智巧妙地处理。所谓足智多谋，就是指快速地、聪明地找出办法解决困难的能力。在专业服务领域，你经常会发现自己受时间、资源的限制，需要快速解决问题。

发挥你的机灵劲儿，跟老板的助理搞好关系。助理最了解老板的处事风格。当你表明自己是一名团队协作者时，老板的助理就可能会告诉老板自己是否喜欢与你共事。助理的意见往往非常重要。

老板的助理还可以助你在关键场合跟老板搭上话。比如说，助理往往最清楚老板的行程。如果你真诚地对待老板的助理，并与之建立个人关系，你就会有天使护驾。

我曾在摩根士丹利带领整个部门，麾下有位同事对部门业务贡献极大，而他希望在接下来的晋升中获得合伙人的位置。如果得不到这个职位，他就会选择离开。我需要跟负责投资银行业务的总经理会面，告知他晋升该同事的必要性。

我没有办法在晋升大会前跟总经理约上时间。但是，我跟总经理助理的私人关系非常好。我知道总经理住在康涅狄格州西南部的小镇格林尼治，所以我问他的助理，总经理一般是怎么从家到公司的。从助理口中，我得知他有司机接送。助理安排我跟总经理搭乘一辆车去格林尼治，这样我就可以面对面地向领导汇报。我总共花了 4 分钟就解决了同事晋升的问题。若没有跟总经理助理的良好关系，我是没有机会帮助团队成员获得升迁的。

明确截止期限

经验是每个人为自己的错误取的名字。

——奥斯卡·王尔德（Oscar Wilde）

爱尔兰剧作家、小说家、诗人

《温德米尔夫人的扇子》（*Lady Windermere's Fan*）1892 年第三幕

在刚踏入职场时，我为了认识截止日期的重要性是吃过苦果的。当你还是一位职场新人时，开口问老板"什么时候需要"会很尴尬。上级对截止日期的态度往往比较模棱两可，所以职场新人需要主动理解老板的期望和截止日期。你会遇到任务压肩的时候，企图把它们一气儿搞定，会让你产生喘不过气的感觉。

当我刚开始在摩根士丹利工作时，一个星期二的下午，一位合伙人给了我一项艰巨的任务。我瞬间就傻眼了，我认为要在数日之内完成这项紧急任务可能会让我脱一层皮。

在星期三的下午，合伙人当着几位初级投行家的面询问我任务的完成情况。当时我才刚刚着手，这让我在新同事面前显得尤为尴尬。在那个时候，我并不理解**通透**这个词的含义。合伙人跟我讲："小伙子，下一次当我再让你做事情时，我期待看到你能更通透。"后来我终于恍然大悟。（如果你还不明白，讲得直白一点就是"为人处事机智灵活，随机应变"。）

当上级让你完成一项任务时，你需要避免让棒球对垒的场景发生在工作场合——当球和击跑员快要同时到达本垒的情景。在棒球比赛中，没有比在本垒区更惊心动魄的地方了；若是这一刻发生在办公室里，恐怕就不只是"惊心动魄"，而是失魂落魄了。举个例子，如果为了赶飞机，我最好在下午 3:00 前离开办公室，在 2:55 的时候就拿到报告会相对从容。若我在办公室候着，直到 3:05 才拿到报告，我的心跳就会加速，对团队也会失去信心。

在任何时候，对交付的结果，一定要有切实可行的预期。如果领导希望在一个星期内收到你的汇报，就不要让自己到周五晚上还在加班加点；领导可不想在周末的时候还要花时间来审阅你的工作报告。换另一种方式，告诉领导你会在周一上午把报告交给他。这样你就可以有整个周末来修改和完善报告。有了充足的时间，你就可以在周一早上把一份优秀的报告放在领导的办公桌上了。

同时处理多重任务充满了挑战，特别是如果在你已经被几个任务折磨得苦不堪言的时候又接到新的任务。当新任务作为一个机会出现在你面前时，比如说随同一位高级银行家会见企业客户的 CEO，你通常又很难拒绝这个诱惑。

我见过太多的新进员工企图靠一己之力、一鼓作气完成所有任务。结果往往是，为了赶截止日期而吃不好、睡不够。在休息不充分的情况下，新进员工可能会忽略重要环节或者产生失误。虽然回绝领导的要求听起来有些可怕，但这总比让自己陷入疲于应付的窘境，还可能因为失误让客户或者老板对自己失望要容易得多。

一种聪明有效的、对上级的积极回复，是请老板帮助你为所有的任务进行优先排序。重要的是，你需要告诉老板："我很想做项目 A，我非常有信心能够把它做好。但是目前我手头有项目 A、B 和 C 同时开工，项目 A 的截止日期是明天，项目 B 的工作量最大，项目 C 的截止日期也近了。"

这种方式让你可以和老板就现有的局面进行坦诚沟通。让老板来帮你为工作任务排序，听起来会花一些时间，可能会耽误你手里的项目。但是与老板就任务排序的对话是开展工作的基础。你在接到项目 A 的第一时间就应该开始这样的对话，而不是接受任务后才发现自己可能吃不消，再要求更多的时间完成项目 A。以上都是我的经验之谈。

数据要准确无误

三大原则仅剩最后一项：数据！每家投行、律师事务所、咨询公司和会计师事务所对数据质量和准确度的追求都近乎苛刻。一家专业服务机构的安身立命之本就是提供可靠的分析和准确的数据，帮助客户做最优决策。

我在刚踏入投行领域时，还不知道"拼写检查"。有一次我为客户提供了三页分析报告，对自己的工作成果充满信心。完工后，在发给客户前，我把分析报告先发给老板审阅。我的老板唐纳德，是耶鲁的高才生，也曾是《每日耶鲁》（*Yale Daily*）的编辑。他很快就发现了一个错别字，然后语重心长地告诉我："如果说笔误是小错误的话，我担心更严重的是由笔误导致的思误。"很显然，他知道没有所谓"思误"这个词。但是我很快明白他要表达的意思：如果数据或者文字出现错误，那么客户因为偏见，很可能得出整个分析甚至结论都是错误的推论。

如今，电脑书写软件都自带拼写检查功能，那么就充分利用它，但不要产生依赖。拼写软件是不知道"必须"和"必需"的区别的。最好让别人帮忙审阅一遍你撰写的报告，然后至少再检查两遍数据和分析过程。

几年前，在一次去伦敦出差的旅途中，我在英航的班机走廊上碰见了摩根士丹利的 CEO。他手里拿着一份航旅杂志正津津有味地阅读着。突然间，我看到他拿起笔在杂志上圈出了一个错别字。然后他转向我，说："每个人都需要重视细节。"看到他以摩根士丹利对待内部文件的高标准来要求航空杂志的文字准确度，我惊讶得说不出话来。

在专业服务领域，你对细节的追求会给职业发展带来深远影响。所以，一定要仔细检查你的报告，确认拼写无误后再发出去。对报告里表达有误的字句、不连贯的用词或错别字，你更要仔细检查。

务必要对定量分析做多次检查。当你复制并粘贴的时候，你要特别小心；不要把客户 A 的名字放在了给客户 B 的文件里。让团队或者同事来审阅你的工作，相应地你也为他们提供审阅文稿的帮助。当你犯了粗心的错误时，你就损害了自己的声誉，浪费了同事的时间，也耗费了公司更多的成本。

在数据方面，我还想提醒你另一个容易出错的陷阱。对于能快速提供答案的数据问题，一定不要草率，宁愿多花上几分钟来确认正确答案。比如说，你完成了耗时良久、过程繁复的财务分析，终于可以暂时放下去做其他任务了。三个星期后，你的上级好像突然袭击一样，问询你有关财务分析的某些结论："你算的回报率是税前还是税后的？"

作为一位聪明又有竞争力的职业青年，你不想让自己看起来像把曾经做过的事情忘得一干二净，这样的压力促使你不愿直接回答"我不记得了"，而是去猜到底是税前的还是税后的。不过，我劝你，还是不要靠猜的。

更职业的回答方式是："我回去看眼数据再马上回复您。您是希望我邮件回复，还是直接到办公室回您一声？"根据我在华尔街 40 余年的工作经验，我从没有碰到过一个问题等不及用 10 分钟来确认准确度的。

重视细节、截止期限和数据体现了一种积极工作的态度，能够帮助你优化工作和沟通。

第四章

明确期望，定期评估

————————

你了解现有工作的业绩评估标准吗？大部分的专业服务机构会公布不同级别的业绩评估标准。如果没有公布，你可以去向人事部门索要业绩评估标准。这些标准跟工作内容描述是一样的；这是管理层和人力资源部门用来给雇员打分的标准。了解业绩评估标准后，你的晋升考试就犹如开卷考试一般：你要的答案近在眼前。你可以把这些标准作为检查表来帮助自己达到所在级别的工作要求。

如果今年是你的晋升年，你希望知道自己所在级别和升级后的业绩评估标准，以及老板对你的期望。你获取晋升的最佳情形是：你的能力已经达到更高职位的新标准了。在我的职业生涯中，曾参与数千次的晋升决策。当张三的能力已经符合更高职位的标准时，他往往就会获得晋升。这就是所谓的"先能力后升职"。

升职中的关键因素

为什么我如此确信自己能够帮助你呢？在我曾参与的晋升决策中，很少人是因为不够聪明而被拒之门外的。

专业服务机构已经在招聘环节把 IQ 不够的候选人刷掉了。在面试候选人的时候，我通常会把勤勉作为一个门槛，比如说暑期工；另一个门槛就是头脑，比如说求知欲。同样，很少人是因为不够努力而错过晋升的。

专业服务机构早就通过学校的成绩对你是否勤勉做出判断了。如果你既没头脑又不努力，是没有办法从一流高校毕业的。

所以，如果团队里、职场中都是一群工作勤勉又态度积极的聪明人，那么领导会如何做晋升决策呢？

在专业服务机构，大部分的问题、危机和挫败都可以追溯到糟糕的沟通，以及缺乏团队协作、信任和影响他人的能力。在专业服务机构里，大部分的成功都是卓越的沟通、高效的团队协作、彼此信任和影响他人的结果。就是这些特质让优胜者在晋升决策中脱颖而出。

我总结出晋升中的关键因素：

- **判断力**：有自己的观点，并且持续做出正确选择至关重要。
- **傲慢**：总以为自己更优秀、更聪明或者比他人重要是减分项。

- **包容**：能够争取他人的关注和建议比总是谨慎地疏离同事更重要。

- **合群 vs 独狼**：在专业服务领域，团队的能量总是大于个体的能量。

- **职业道德**：在与客户接触中有道德缺失是职场晋升的致命伤。

- **沟通**：有对内和对外的沟通能力非常重要。

- **对公司长期有利**：晋升委员会希望晋升者把公司的长期利益放在自身回报之前。

- **"百科全书" vs 值得信赖的顾问**：所谓"百科全书"，就是对客户的业务及竞争对手知之甚多，似乎到了比客户还了解的地步，以至于在与客户会面中会滔滔不绝而忘记了倾听。与客户有效地沟通比掌握信息更重要；沟通的关键在于与客户建立信任关系，让客户可以放心地把自己的问题交给你。

- **领导力**：领导专业团队的能力不可忽视。

- **商业头脑**：能为公司带来收入的能力至关重要。

- **韧性**：获得晋升的候选人往往具备乐观、坚持和从挫折中走出来的复原力。

- **友善对待初级员工**：你是把初级员工当成工具使，还是把他们当作未来的人才看待呢？

我的岳父是这么形容书呆子的："花了太多时间在图书馆，太少时间在聊天室。"他指出，职场软技能远比硬实力更重要。而在专业领域，软技能和硬实力在职场晋升中缺一不可。

和老板喝咖啡

经常和老板喝咖啡是个好习惯，能够帮助你调整工作的优先次序，与老板步调一致。如果步调不同，很可能会对你的评估和升职带来负面影响。你需要时不时地在老板面前诉衷肠："老板，我对工作热情满满，我对工作认真负责，我在公司蛮开心的，我很荣幸在您麾下。回首过去的 90 天，我三个最大的成就是 A、B 和 C。在接下来的 90 天里，我计划专注于 X、Y 和 Z。"然后，你就要开始问一个神奇的问题："老板，您希望我怎么分配时间？"

提出上述问题，你就像在老板的办公室里点燃了一盏明灯。你把他（或她）唤醒了！不是说你有一位坏老板，而是说你有一位忙碌的老板。要是用了我教你的方法，老板往往会说："X 和 Y 是不错。那么 M 呢？"对此，你可以回答："我能做 M，但是我不知道的是您和公司可以让我来做 M。"

我推荐这种直接有效的方法。很多时候，当下属离开我的办公室时，充满了沮丧，因为他们才发现自己在错误的方向上花了小半年的时间。每个季度末，与你的老板一起，重新审查你的工作重心，可以帮助你达到甚至超越目前的职级。这些技巧能够帮助你紧跟老板，直往目标前行，而不是停滞在对过往业绩的评估上。

我走过弯路，才认识到和老板喝咖啡的重要性。在我的职业发展初期，我对工作和老板做了三大假设：我的工作优先顺序是正确的；故我的勤勉和业绩是明白可知的；故如果我有走偏，我的老板可以清楚地向我指出。我的三大假设都是错误的。

年中的时候，老板把我叫进他的房间，告诉我：在获取新客户和维护旧客户的平衡上，我把握得不够好；我带来的收入没有足够高的毛利；另外，他对我如何安排时间充满了疑惑。

之后，我每个月向老板发一页纸的工作汇报，工作汇报的内容是我如何回应他的要求。每个季度，我都向他要求一次15分钟的咖啡时间。通过问这个神奇的问题："您希望我如何分配自己的时间？"我会让老板对我的付出和成绩予以肯定，或者在我尚有机会弥补之时，让老板指出我在哪里走偏了。

第五章

社交资本：风险、收益和技巧

———————

如果你把职场成功的希望交到一位老板手上，准备一条路走到黑，那么你的职场资产包里的资产就太有限了。这相当于你只买了一张彩票就想着中头奖。

社交（networking）可以增加你认识的人的数量，为你提供职业提升的机会。

人脉够广的人更容易通过人与人之间的连接帮助自己的职业更上一层楼。社交是建立关系、从内至外认识自我和拓展职业机会的关键。社交可以建立你的社会资本。我认为，社交资本是指在你的社会关系网里，通过互惠、信任、信息和协作创造出的价值。在专业服务领域，重视社交不仅对职场新人很重要，对我这样的职场资深人士同样适用。

社交有助于你的整个职业生涯，让你可以接触到有能力改变你工作轨迹的贵人。

从图 5-1 可以看到，大部分人都很后悔自己的社交资源不够，而只有很少人才知道如何有效社交。有很多好书告诉你怎么去社交。我最喜欢的一本是基思·法拉奇（Keith Ferrazzi）和塔尔·雷兹（Tahl Raz）撰写的《别独自用餐》（*Never Eat Alone*）。这本书提供了很多切实可行的技巧来帮助你在职场里拓展和使用人脉。

人脉 悔恨

图 5-1　社交的岔路口

即使有很多书告诉你建立人际关系的法子，而且你也知道人脉的重要性，但你还是会因为怕拒绝而止步不前。有些人认为，如果自己去社交，会被其他人用有色眼镜视为不真诚、太虚伪或者太急功近利。还有些人认为自己没有时间去社交，或者认为自己的职位太低而不必去社交。

棒球史上赫赫有名的球队经理约吉·贝拉（Yogi Berra）曾说过这样的话："当你走在三岔路口，选择需要勇气的那条路。"在职场的每一天，你都会面临选择。你可以选择向社交张开双臂，尽管你会对可能的后果心怀恐惧而忐忑不已；你也可以选择继续回避，因为恐惧后果而放弃社交。比如说"我害怕被他人贴上类似'变色龙'的标签"，又或者

"我害怕被拒绝，我丢不起老脸"。

但是，根据我过往的经验，我笃定地告诉你，如果你不社交，无论在个人生活还是职业晋升方面，你都将悔恨不已。

如果你问那些走到生命尽头的人，在接受冒险和拒绝冒险之间，他们更后悔哪个选择。几乎所有人都会告诉你，他们后悔自己当初没能抓住机会——那位不敢要电话的可爱女孩，那趟没有出发的旅行，那份不去尝试的工作。千万不要因为害怕冒险而不去社交。

要有自己的圈子

20年后，让你遗憾无比的不是那些已经做过的，而是那些未曾做过的。所以，扔出手中的帆脚索，从安全港起航吧。在航行中抓住大风向、大趋势，去探索、去追梦、去发现。

——马克·吐温（Mark Twain），美国作家和幽默家

社交帮助你认识更多公司内和公司外的人。这代表着当你需要职业或个人指导时，你可以从你的圈子里获得需要的帮助。善于社交的人可以从社交网络中获得职业帮助。他们可以更快地找到招聘信息，不容易在僵局中越陷越深，在职场中使用更多资源。

社交就好像手里有了多张彩票。社交可以帮助你从山林间的隐者变身为有诸多法宝利器傍身、支持者簇拥、机遇如甘霖般降下、人品满格、运气极佳、人人知晓的有福之人。社交是识别新机会和拓展职业路径的关键。我曾获得的最有帮助的建议，有一些是来自社交圈中

的泛泛之交，而并非至交好友。

有条有理

社交是持续的社会活动：巩固你的社交网络，要做到有条有理。将你的社交人脉列一张清单，确保和他们保持联系。我喜欢跟圈子里的朋友至少每六个月联系一次。当我在飞机上或者在通勤的路上，我喜欢看着日历暗自思忖："好啦，又到了 4 月。在 11 月，我见过谁呢？要不要打个电话或者碰个面？"

如果我已经很久没有穿过衣橱里的某件衣服，那说明这件衣服虽然在我的衣橱里，但它已经被我丢下了。社交也是一样的。如果你已有六个月没见过对方，你虽然以为他还在你的社交圈，但其实他已经不在了。

过去，我会给那些需要保持联系的人们发邮件，标题是"好久不见"。邮件的大致内容是："哥们儿，咱们好久不见了，想念得很，该会一会啦，要不要来杯咖啡？"现在的我懂得"不要匆忙"的道理，不要让他们以为我很急迫地想从他们那里支取些什么，而只需传递出我希望跟他们保持联系的意思。这种细腻的关系维护技巧往往非常有效。

破冰

如果你是第一次见到某人，特别是遇到对方在职场上比你更资深的情况，你往往会有所顾虑而不知道该说什么。这时，你就要记住大部分人最喜欢的话题——他们自己。

你可以问类似的问题："您是怎样进入该领域的?"你很可能会得到一份赤诚的、悠远的回答。无论他说什么,不要打断就好。对方说得越多,就代表你做得越好。

这个技巧适用于所有人。如果你恰巧碰到了教皇,你可以问:"您是怎么开启信仰之路的?"你可以用这种破冰方式跟任何人展开话题。

当你开始问问题的时候,一定要仔细聆听对方的回答。避免注意力分散,跟讲话的对方保持眼神的交流。时不时点点头,或者用其他的暗示,比如"请告诉我更多",来表示你在仔细聆听——但不要窥探。重复或者改述对方的谈话内容也会有帮助,如果需要的话,向对方表达你已经正确理解了对方,并向对方保证你们之间的谈话是保密的。

当你用心倾听的时候,找找你和这位新认识的朋友的共同之处和有共鸣的事物。一旦发现一些细枝末节,你就可以把这些共同的爱好或联结指出来,"我也喜欢意大利电影",或者"我也喜欢下厨"。

另外,你要仔细听对方的偏好。如果你发现对方正在着手某样事情,你可以找到相应的文章并发给对方。这打开了建立关系的一扇窗,而这扇窗的钥匙发自一个简单的问题:"您是怎样进入该领域的?"

互惠

当你通过人际网络接触某人的时候,"货币"往往会派上用场。

有效社交的关键是互惠，所以你需要把关注点放在对他人的帮助上。在与你的交往中，他人会有什么收获？在你的社交网络里，你帮助他人的能力取决于你连接他人的能力。

当你在某个项目上接触了一位新的客户，你要思考谈话的对象会对什么话题或事物感兴趣。接下来，到网上去找相关的资讯，然后把该则新闻发给可能感兴趣的同仁。根据经验，我会有90%的机会得到回复。

另外，你可以查查 finviz.com，该网站可以提供实时的财报分析和评估。在"News"的版面，最新的财务信息在左侧，专业人士的博客在右侧。

我也经常寻找机会发送祝贺邮件，比如说某位朋友刚升职、完成了一单交易、得到某报纸的报道、获得某项荣誉等喜事。我会迅速地写一封邮件："嗨，哥们儿，我在新闻上看到了你的名字。"根据经验，我100%会得到回复。

在你的社交圈里，如果有人遭遇挫折，你也要记得跟对方保持联系。某人若遭遇困境，很少有人会愿意主动接触，而其实此刻就是对方最需要社交圈子支持的时候。人们总会记得雪中送炭的那位关怀者。

最后，重新审视一遍你的社交状况。不要等到需要的时候才去社交，花时间去培育你的社交关系，当你需要帮助的时候，帮助就会自然而然地出现了。

第六章

定位：全面认识你自己

如果你已在目前岗位上工作了六个月，你需要花点时间思考。接下来，你就要开始对自己现在的情况进行总结评估了，包括老板、生活方式、工作地点和薪酬等方面，如图 6–1 所示。

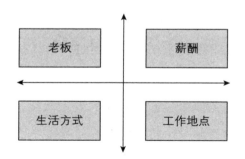

图 6–1　老板、生活方式、工作地点和薪酬

你需要对自己可提升的方面、公司和客户是如何看待自己等真实情况有客观全面的认识。你的汇报对象是最重要的考虑因素；作为你的汇报对象，老板比生活方式、工作地点和薪酬更为重要。针对不同的考虑因素，你给出的评价也是不同的，无论是正面的还是负面的。

老板 俗话说得好："选择入职是因为公司够优秀，选择离职则是因为老板太糟糕。"人们加入一家优秀的公司主要是出于宏观因素的考虑，比如说钟情于公司的 CEO、市场知名度和行业声誉等。在加入公司后，很多人会过分重视自己在公司里的职位，而忽略了好老板的重要性。稍后，我们会花更大篇幅来讨论你的老板。

生活方式 在评估个人状态时，对于你目前的和理想的生活方式，你的老板知情吗？

老板知道你在早晨 6 点半就开启工作模式或者经常开夜车加班吗？老板知道你现在正在忙什么吗？或许，老板对你正在挣扎和纠结的工作挑战并不了解。

老板知道你现在的生活方式吗？他是否为了提升你的生活方式而做过些什么？他对你的工作安排与你所期待的生活方式是否相符？另外，你要思考如何接近你想要的人生状态，当下的工作岗位和内容能不能确保你的工作和生活平衡。

工作地点 你喜欢目前的工作地点和工作场所吗？或者你一直期望能够换一个近点儿的地方？维持目前的工作或者就近考虑新工作，对你的职业影响是什么？目前办公的灵活度高吗？如果换到子公司，出勤往返总部便利吗？换到子公司后，你可能会有新的岗位、新的人际关系和更大的责任，也可能会因为工作地点搬离总部而远离了核心的管理层。

薪酬　钱嘛，确实很重要，只是人们往往过分强调了钱的重要性。为了追求更高的报酬，你希望自己的工作表现优秀。但是，公正的薪酬体系和成功的企业文化才是激发员工卓越表现的关键。重视和奖励优秀员工的贡献，比起简单粗暴的高薪，会更有助于更多的员工释放工作潜能和增加成就感。在工作时，员工因为面对困难和克服挑战，在突破瓶颈中得到了满足和成就，会期待承担更重要的职责、加入更优秀的团队。最重要的是，员工希望能得到公司的尊重、体现自身的价值。有趣的是，在不公正的薪酬待遇下，人们会产生挫败感，即使加薪也不能让人开心。所以，在衡量工作的幸福指数时，你要考虑到影响工作的其他因素。

怎样才能更幸福

就目前的工作环境，要怎么自我调整，才能保持心平气和呢？我的建议是不要随意换工作，而是周期性地、客观地对目前的职业状态做自我评估。首先，你要清楚分辨哪些是可以改变的，而哪些是改变不了的；在现在的岗位上，哪些是让你满足、感恩和激励你的，反之，哪些是让你受挫和纠结的；是否存在另外的岗位或者其他的老板，会让你的状态更好呢？你要知道自己所在的位置，才知道走向何处并且走得更远。只有你自己，才能回答"我在哪里？什么能让我更幸福？"这个问题。

在为摩根士丹利工作的第六年，我向一位职场导师请教。那时，我在职场上有个坎儿迈不过去，遂请教他。这位前辈真是充满了智慧。

那是一个星期四。面对导师，我没有一句好话，全是抱怨。这也侧面说明我需要鼓励和支持。

我义正词严地说："我要辞职！"导师很诧异。他顿了一阵，想了想，回复我："可以。不过你下周再提请辞职吧。"我不太满意，坚持说择日不如撞日，当天是提出辞职最好的选择。导师告诉我："你再耐心等等。等到了下周一，你若是仍想辞职的话，我会帮助你收拾包裹，为你送行。从现在到周一，我希望你仔细考虑一下——**什么样的领域，什么样的老板，什么样的公司，什么样的职业——到底是什么会让你更幸福**。你需要仔细比较——把现在手里的工作跟你可以做的其他工作进行对比。"于是，我答应他再等等。

到了周一，我走进导师的办公室，告诉他我的决定——我要留下来。我说："做其他事情并不会让我更幸福。"导师接着说："好啦。我很欣慰，你能从自我的情绪中走出来。你会越来越好的。""幸福"这个词让我记忆犹新，挥之不去。导师用的是"更幸福"，而不是"更富有"。

为理想的工作规划蓝图

如果没有勇气迎接挑战，就会最终一事无成。

——穆罕默德·阿里（Muhammad Ali），职业拳手

如果你想拥有独立的转角办公室，如果你想提升工作绩效，那么你需要为未来的路做出规划。如果你没有目标，就无须为目标寻找出路

了。如果你已明确想去的地方，就需要一张指明方向的地图。

为了创建个人的职业规划图，你需要有意识、有诚意。首先，你要知道目前所处的位置、自己的能力差距且对自身局限有客观认识。其次，你还要知晓自己的潜力和可能拥有的机会。

为了实现职业路径，你要有足够的诚意。没有足够的诚意去经营人际关系、提升能力、接受职业挑战，你的职业理想就只是镜中花、水中月，你可能会被边缘化，错过晋升机会。不要完全依赖现有的老板来提携自己，若你的老板出了什么状况，没有人会知道你或者你的付出。

当你每每想到自己的理想工作时，努力做到客观、坦诚，对自己的能力和抱负要实事求是。要向你信任的和了解你的良师益友咨询意见。

例如，我喜欢棒球，是纽约洋基队的铁粉。可是，当我问主教练，可否让我加入洋基队，他肯定会狂笑到快断气。即使我拥有全世界最强烈、最真诚的意愿，我也不具备实力加入洋基队。

有时候，在留任现公司谋求升职和去其竞争对手处获得新职位之间，你可以选择。总的来说，当人们在公司内部的岗位发生变动时，升职加薪往往意味着更大的责任，故此工作本身得到了拓展。而当人们去了一家新的公司时，他们可能会获得更大的薪酬提升，但承担的责任往往不会有太大的改变。

换一种说法，选择的背后代表着，你是想在目前的雇主体制内得到级别的提升，还是想去其他公司的类似岗位获得薪酬的提升。选择离开目前的雇主可以有许多理由，我始终坚信仅仅为了钱是不足以做出该选择的。你需要从职业发展的长远影响角度仔细思忖。根据我的经验，经常跳槽的人会被视为利己主义者，而愿意在公司内部成长的人则会被认为忠诚、行业资源丰富、跟上级有良好沟通能力、理解公司的战略和文化。

面对职场的顺风或逆风要不忘方向

在摩根士丹利，我是银行家中的大枢纽；而之前，我是一名海军工程师。故此，我喜欢以航线和位置的角度来思考。当你搭乘飞机时，或者正从现有工作往理想工作前进时，你肯定会遭遇顺风或者逆风的情况。具体到你的职业生涯，有三大因素会让你加速前进或让你举步维艰。这三大因素是人际关系、业绩指标和企业文化。

人际关系　如果你还没有强大的人际关系网，那么也不会有人告诉你新的工作机会。或许你会在换岗位时胡乱地做出错误的决定。例如，你或许是通过官方公告才得知你的理想岗位给了另外一个人，而你甚至不知道这个岗位曾对外开放过。如果你有强大的关系网，你可能已听说这个理想岗位要开始对外招聘了，而你正好把自己的名字放进了该岗位的考虑范围。面对自己期盼良久的岗位，在公告其他人已上岗前，你希望自己能够足够早地得知消息。

即使建立了强大的关系网，你也可能因为忽视了咨询圈子中能人的重要性，而草草地做出错误的决定。比如，一位资深同事打电话告诉你，公司会让乔伊去伦敦办公室，而管理层认为你应该顶替乔伊现在的工作。没有询问有识之士的意见，也没有仔细思量，你立刻抛出了回复："太棒了，我接受。"官方公告后也就不到 20 分钟，你发现自己被电话和邮件挤爆了。"你是傻瓜吗？接乔伊的活儿？""你为什么事先不告诉我？所有人都知道乔伊的老板是恐龙。" 现在知道自己掉进坑里了吧。如果你稍微停一下，在做重要职业决定前，先咨询圈子里的朋友，你完全可以避免陷入尴尬之地。坚实的人际网络能够给你提供个人、社会和情感的支持，帮助你识别理想的工作，并抓住它。

业绩指标　你知道业绩考核的标准和你的领导对于现有工作的期望吗？大部分专业服务机构公布的不同级别岗位的考核标准，可以帮你了解在目前岗位上需要达到的要求，并为下一级别的要求做准备。

企业文化　每个组织都有鲜明的企业文化。由于专业服务机构的员工工作时间往往很长，故企业文化会对个人的工作和生活产生重大影响。企业文化对公司的成功至关重要。如果你想在公司越做越好，就需要了解公司的企业文化，并且把自己毫无瑕疵地镶嵌其中。我们会在本书的第三部分继续讨论企业价值和企业文化。

第七章

自我营销：说出来

————

在专业服务机构工作，你对电梯演讲（elevator pitch）肯定不会陌生——在乘电梯的过程中，凭借信念和热情对你的创业公司和商业计划进行简洁熟练的描述。电梯演讲的能力对于长期的职业成功非常关键。

想象一下，晚上 7:30，你独自在电梯里。这时，电梯门开了，走进电梯的是你公司的总裁。你会抓住机会介绍自己，给总裁留下好印象吗？还是你会证明自己是多么善于回避眼神接触而只顾看着手机屏幕呢？

这完美地说明了你为什么需要准备电梯演讲。其实就是二三十个词，或者三个句子。

你的电梯演讲应该：

- 精确。
- 热情。
- 清楚表达你的名字和角色。
- 问一个问题。

在听完你的电梯演讲后，任何人都应该清楚你的角色。在电梯演讲里要避免时髦的词汇或者网络语言，因为这样做会让听众困扰，也会让你显得华而不实。在电梯演讲里不要涉及任何保密信息。如果你有时间并且成功得到了听众的注意，提个问题来测试听众对谈话的感兴趣程度。根据对方的回复，你可以继续引导谈话。

如果你的电梯演讲是清楚、准确和吸引人的，就会让跟你对话的人产生想跟你共事的想法或者把你介绍给其他人。试试对着你朋友做关于公司或者工作的电梯演讲。如果朋友明白你在讲什么，你的电梯演讲就是有效的。

你永远也不知道，当电梯门开启的时刻，谁会站在电梯门外。在我的职业生涯中，我曾在电梯里碰见过前世界首富比尔·盖茨、前总统罗纳德·里根、戴尔电脑创始人迈克尔·戴尔、前财政部长亨利·保尔森、前美联储主席格林·斯潘。你也不会知道在候机时谁会站在你的前方，登机后谁会坐在你的身旁；在我的清单里，偶遇的明星包括棒球巨星威利·梅斯、甲壳虫主唱保罗·麦卡特尼、网球球王皮特·桑普拉斯、网球前世界第一安德烈·阿加西、著名电视新闻主持人凯蒂·库里克、著名电影导演朗·霍华德和著名主持人戴安·索尔。

在飞机上，你有着比电梯里更充裕的时间。由于每一个时刻都是特别的，你的手里不可能每次都有准备好的发言稿。千万不要聊天气。问问那个人关于他（或她）自己的事情，如果你对这些事物有共鸣，那简直就是妙不可言。表现得积极主动、有亲和力，记得要自我介绍。

说出来

大声说话能够加深他人对自己的印象。一位老朋友曾经告诉我："一个观点值 20 分 IQ。"如果你参与了一场会议却一言不发，人们离开会议室的时候会认为你是没有观点的。

另一个可以在会议中给别人留下印象的是你的举止和风度。在进入会场之前，花一分钟在镜前看看自己。当你走进会议室的时候，确保自己看起来是得体的、专业的。记得老生常谈的话：第一印象最重要。

提前进入会场，找到座位坐下来。表现得自信一些，说话的时候声音大一些，让每一个人都能听清楚。不要抱着手臂，看着对方的眼睛，坐直腰背，身体微微向前倾。随着会议的推进，说话的机会就越来越少，所以，尽量早一点参与发言。无论你做什么，千万不要举手提问"我能说些什么吗？"也不要说"这可能不奏效，但可以尝试……"

如果你的导师也参与会议，在自己表达观点前先请示他。如果你的导师没有参会，不要等到其他人把话语权给自己，因为很可能在整场会议中，你都在等候。适时地让自己参与到对话中、大声地表达自己观点是需要勇气的。不要害怕，因为你会收获满满。

当你在公司开会、有高层参与的时候，你可以等到对方把 92% 的观点表达完，接着说，"我同意 A 总的意见。另外……"

现在，A 总就有两个选择。他可以让你继续说下去，或者告诉你，等他讲完你可以接着讲。无论如何，你都有机会继续表达自己的观点。这种策略的关键是，你要等候机会，直到这位高层差不多讲完的时候。

你可以开门见山地说："我同意 A 总。"人们都喜欢他人附和自己的观点。接下来，该你上场了，不必害怕要说什么。关键是对自己即将分享的观点充满信心，当机会出现的时候就不要再犹豫。不过，你要让自己言之有物。

从以下这些简单对话开始："我们有考虑过 X 吗?""有人考虑过 Y 吗?""Z 值得想想吧。"

在客户会议前，你可以找时间练习口头表达自己的观点。在重要会议前，内部会议是检验自己观点的有效平台。这样做不但可以帮助你为自己的表达能力积累自信，使你有勇气为自己的观点辩护；发动团队来准备会议后，还可以帮助你获得同事的信任，让团队也更有信心。

第八章

找到支持力量

在第五章，我们介绍过社交网络的重要性。我认为，社交是建立关系的基石，而你在关系中总能够找到自己的榜样。当你把职业榜样加入到自己的社交网络中，为你提供意见、指导和开启新机遇的导师就会出现。在数位导师中，你会发现有些人会特别栽培你，并为你翻开职业的崭新篇章而积极奔走，成为你的支持者。图 8 - 1 描述了这样的支持体系。

图 8 - 1　支持金字塔

找到你的榜样

你的社交网络中有一类人可以成为你的榜样。通过社交，你可以开始关注谁能成为榜样。所谓榜样是指你认可的、可以激励你的，也是你期待成长为的对象："如果他可以做到，我也可以。如果我能够像她一样演讲或者与客户沟通，我也能够跟他一样成功。"如果你的榜样是公司的一位资深人士，你需要主动地使他出现在你的社交网络中，以此增加对他的了解。

当我刚入行的时候，投行圈存在一种非正式的学徒模式，即我们通过近距离观察更有经验的同事在客户面前的一举一动来学习投行的工作方式。通过观察榜样，我学习到如何在客户需要和公司长期发展之间进行平衡，这对我的职业生涯大有裨益。

一位榜样能够从以下方面来帮助你：

- **提供有价值的建议**：榜样们可以成为你的向导和答疑解惑的智囊团，他们可以帮助你在处境艰难的时候做最优的选择。
- **拓展知识和技巧**：榜样们可以为你指出通往成功之路的必备技巧和技能。他们会为你指出尚待提高的技能，并告诉你提升技能的方法。
- **提升沟通能力**：我的榜样们教会我如何写作、演讲，以及与客户的相处之道。
- **改善形象**：由于我的早期工作经验来自军队，我的榜样们教会我如何通过展示自己塑造成熟稳重的职业形象。

导师

当你与榜样们的关系更加坚固的时候，你的导师就会慢慢出现。榜样一般是较为被动的——你通过观察来向他们学习；而导师会在你的成长中扮演更主动的角色。导师是指愿意用他（或她）的经验在组织中指导你，并为你的职业发展提供咨询和向导的人。在荷马史诗《奥德赛》中，主人公奥德修斯准备发起特洛伊之战时，将自己的独子忒勒玛科斯交予门托尔⊖抚养，这是导师一词的由来。

在实现你的职业抱负方面，导师会很有帮助。他们可以帮助你发现和挖掘自己的强项：在哪些方面你有潜力脱颖而出。最棒的导师能够帮助你从他们的失败中吸取教训，让你少走弯路。导师可以告诉你，在公司里他人是如何评价你的。在你还没有发现机会之前，他们就看到了那个机会已经为你存在。好的导师能够帮助你识别公司内的潜规则。

在寻找导师的时候，我找到平日里我尊敬的人，并且告诉对方，我很钦佩他们的判断力，希望能够向他们学习。我会和这些导师候选人尝试讨论一些话题，包括商务礼仪、穿着之道、社交、演讲技巧，以及如何向客户传递一条困难的信息。

我很幸运，在生活中和职场上，我有过数位导师。这些导师都有一

⊖　门托尔，英文为 Mentor。在荷马史诗《奥德赛》（*Odyssey*）中，门托尔是奥德修斯的忠实朋友，奥德修斯出征时将其留下以掌管家事。今天对于 mentor 这个词的用法更为重要的一个事实是，雅典娜化身门托尔，成为奥德修斯之子忒勒玛科斯（Telemveryos）的良师，引导他去寻找自己的父亲。——译者注

些共同的特点：

- 他们愿意分享自己的智慧和专长。
- 他们态度积极乐观、有同理心。
- 他们在我困难的时候曾出手相助，并教导我解决问题的方法。
- 最棒的导师还会有以下的特质：

  ◇ 激励我向自己未曾期待的更高目标前进。

  ◇ 相信我，不让我轻易放弃自己。

  ◇ 跟我讲大实话，虽然大实话可能会伤人——在私下沟通。

我一生中遇到过许许多多的导师，他们在各个方面都给了我很大的正面影响。具体到职业背景，这些导师基本上都有投资银行相关的从业经历。给我带来重要影响的某些导师，还帮助我树立价值观，并让我明白成熟之人应当具备的品性。我的早期导师包括：我的母亲和父亲，他们把信仰、教育和团队精神灌输给我；我的高中足球队教练麦克·费雷，他教会我成功是辛勤耕耘的结果；还有我的教父圣保罗·普拉查，他教会我要服务他人。

支持者

有导师是件美事，较之更美的是有支持者。在单独相处时，导师会给你建议。而支持者，他们会在众人面前替你美言，并为你的职业积极奔走。

支持者可以是你的老板或其他与你共事的同僚。找到你的支持者是一项重要任务。支持者用自己的名声替你背书，投资你，甚至为你铤而走险。支持者会为你的职业发展付出心血。支持者会帮助你对接能为你的职业生涯开启新篇章的重点人群和重要业务，并为你的职业发展一路保驾护航。

有一次，我没有被提升为董事总经理。碰巧我遇上了一位著名的律师，我跟他抱怨自己没有升职是多么的郁闷。那位律师告诉我："小子，昨天宣布了升职人选。那么应该是有一个晋升委员会来做决策的吧？"我回答说："是的。"他问我："那么你当时在场吗？"我回答说："我当然不在啦，因为我是候选人之一嘛。"他继续问我："好的。一年之后会发生什么事情呢？是同样的一班人来决定你的升职吗？"

"是吧。"我说。他再继续问我："下一年，你可以在场吗？"我回答："不行，作为候选人，不可以在场。"他又塞了一个问题给我："好的，一年之后，谁会告诉你晋升的决定呢？你知道他们将怎么评判吗？""哎，"我说，"我无从判断。"

这位律师告诉我："你有很多事情要做，你需要找到一位或者多位支持者，你要在接下来的365天里找到你的支持者。你一定要从他口里探得晋升委员会对你的评价。如果你找不到这位支持者或不能让他开口，昨天的结果会如同演电影一般再次出现。"多么重要的提醒啊！

第九章

神奇的成功法则

————————

不管是口头还是笔头叙述的有关伤感的所有事情中，最伤感的必定是："如果是……该多好。"

——约翰·格林里夫·惠蒂埃（John Greenleaf Whittier），诗人

要想在专业服务领域取得成功，你必须要重视一个神奇的成功法则：能力、机遇和勇气。

能力

在今天快节奏和充满动荡的专业服务界，大部分人都加班加点地工作，刻苦努力地让技能从熟练到精通。在当今的竞争社会，要想成为一名优秀的投资银行家、律师、咨询师或者会计师，你必须找到一条能够让你在项目和团队中脱颖而出的路。情商（EQ）可以帮助你理解企业

文化，以及与老板、同事和客户相处的潜规则，使你成为顶级的参与者——即使在工作的第一年里。

机遇

工作机会是通过直属上司和关系网络获得的。如果你在目前的岗位上游刃有余，你的老板自然而然会为你寻找新的机会，帮助你提升技能，并督促你继续进步。一位好的老板能够在你的职业发展道路上，提供适合你的新机会，帮助你成长和成功。这些新机会可以拓展你的能力圈，提升你的自信心和竞争力。这意味着你有更多的机会接触客户，在项目中担任更重要的职责和带领团队等。

如果你有坚实的人脉网络，你就能发现新的机会。你可以向自己的社交圈咨询新的工作机会，确保自己做了正确的选择。

勇气

勇气让你能够站起来，开口说话；勇气让你能够坐下来，静耳聆听。

——温斯顿·丘吉尔（Winston Churchill），英国前首相

在职场中，职业导师和支持者会给予你勇气。导师会用他们的经验帮助你在组织里找到合适的路径，给你专业的职场建议和指引。他们能帮助你发现和发扬优势——你在哪些方面表现优秀，能助你脱颖而出。导师还能够告诉你，组织里的其他人是怎样看待你的。他们能够发现你自己看不到的机会。不同于导师，支持者还会为你甘冒风险。支持者有

能力或权力把你放在更高的位置上，并且在你需要的时候成为你坚实的后盾。支持者能够帮助你连接到更重要的高层或者项目，而这些将为你开启一扇新的窗，使你的职业更上一个台阶。

但是，如果你没有勇气把自己的恐惧和忧虑告诉他们，就算是最优秀的导师也爱莫能助。向他人坦诚你的困惑或不足需要足够的谦卑，因为你要把自己脆弱的一面示于人前。合适的导师能够帮助你发现你内在的优势，并给你足够的勇气来做正确的决定——继续向前，面对困难，而不是活在逃避中。记得美国童话故事《绿野仙踪》里的狮子吗？它去朝见那位伟大又充满能力的巫师。狮子一直以为自己缺乏勇气，但真正的问题是它不相信自己。在跟导师的交流中，你要认识到自己的忧虑和恐惧。你要跟导师开诚布公地交流，并认真听取他给你的建议。

第二部分

保持商业头脑
如何与客户共事

投行人生

投行人生

摩根士丹利副主席的 40 年职业洞见（珍藏版）

这是很重要的功课，我走过弯路才明白。所以，我不希望你们也跟我犯同样的错误，以为你的工作就是为了建立关系。你的工作是为了让关系转化为收入。

第十章

为什么商业头脑与你有关

————

你是否想过，商业头脑与你有什么关系？英国毕业生招聘者协会于近期对 21 世纪大学毕业生进入职场的重要技能进行调查。我本以为对毕业生而言，最重要的技能应该是团队协作和问题解决。我在读完调查报告后大吃一惊。你知道，根据调研结果，企业认为毕业生最缺乏的技能是什么吗？

根据不同行业的雇主反馈，在毕业生缺乏的技能中，排名第一的是商业头脑。大约有 67% 的雇主把商业头脑排到了沟通、领导力、团队协作和问题解决的前面（见表 10 - 1）。

那么，商业头脑究竟意味着什么呢？不同的雇主根据所在领域和行业的不同，对商业头脑的解释也不尽相同。部分专业服务领域的公司认为，所谓商业头脑，就是你通过营销或者个人能力为公司赢得新的商业机会的意识。

表 10 - 1　毕业生最缺乏的 5 项技能

技　　能	雇主投票比例
1. 商业头脑	67%
2. 沟通	64%
3. 领导力	33%
4. 团队协作	33%
5. 问题解决	32%

资料来源：英国毕业生招聘者协会，"21 世纪毕业生的技能"。

总的来说，商业头脑是指对商业、产品或者服务的理解力：如何创造产品或服务，以及如何寻找和赢得新的商业机会。商业头脑也是对业务的理解力：行业如何运作，主要竞争对手和竞争对手的优劣势分析等。商业头脑能帮助你在提供专业服务时把客户关系转化为公司收入。

将客户关系转化为公司收入

我们没有必要总是沉浸在学习他人的错误中，因为你用尽一生时光也没法毕业。

——海曼·G. 里科弗（Hyman G. Rickover），美国海军上将

所有的专业服务机构都会谈到赢得客户尊重和跟客户建立长期关系的重要性。摩根士丹利的一位领导曾经对一帮年轻投行家说道："我经常到世界各地出差，我见过你们的客户。你们的客户真的尊敬你们，你们有着伟大的客户关系。"他稍作停顿，继续说："现在，我需要你们

把关系转化为收入。"

这实在是一个意义深远的观点，高管则用非常简单的语言阐明。我知道，跟客户建立伟大的长期关系并成为一名值得信赖的顾问，是我工作的重点之一。直观地讲，我也知道，我工作最终是要产生商业价值的。那一天，领导生动地提醒了我，长期客户关系就是资产，而这些资产的价值取决于能否转化为收入。专业服务机构是在商业环境里提供商业服务的，而不是在建立关系后就止步不前了。在这次谈话前，我对这一点理解得并不够深刻。

这是很重要的功课，我走过弯路才明白。所以，我不希望你们也跟我犯同样的错误，以为你的工作就是为了建立关系。你的工作是为了让关系转化为收入。

怎样更具备商业头脑

处理客户关系和将关系转化为收入是一门艺术。在专业服务机构，很多人是不知道如何把客户关系变现的。在管理长期客户关系、个人和职业操守与为客户争取最优利益之间，有很多人至今也掌握不好微妙的平衡关系。

有些人将客户关系管理做得出神入化，有着深厚的人际关系网络，也在最好的公司工作。但即便有了这些资源，也不意味着他们能够给公司带来收入。举个例子，我曾经跟一个帅小伙共事，他叫作丹。丹是高尔夫球高手，人非常好，各方面条件也非常好。所有人都喜欢他。他非常擅长跟客户建立长期关系。但是，丹不会主动寻求商业机会或者主动将客户关系转化成收入。因此，丹被一位能够把关系变现的投行家替代，从公司离职了。

在专业服务机构就职的人们，有些人很擅长专业技能。但是他们很少为公司提供创收的机会，因为他们总是在等着客户打电话给他们，或者等着其他同事为他们提供下一单业务，他们可以继续埋头做执行的工作。在专业服务机构，对客户的需求保持敏感和积极很重要，但更重要的是能够为客户识别有战略价值的机会，并能够给公司带来新的收入。那些以执行为导向的专业人士需要更积极地寻找新的商业机会，并且跟客户有更深入的沟通。

如图 10 - 1 所示，一位在商业上取得成功的专业人士需要建立坚实的客户关系，识别新的商机，向客户要项目并得到项目。

第一步：	建立客户关系
第二步：	识别新的商机
第三步：	向客户要项目
第四步：	得到项目

图 10 - 1　抓住项目的步骤

事实上，专业服务领域的大部分人都可以做到上述四步中的几步，但做不到全部。有些人有着坚实的客户基础，嗅到了商机，但是不能开口洽谈业务。有些人有着坚实的客户基础，嗅到了商机，也可以洽谈业务，但他们往往成了陪跑者，没能让项目瓜熟蒂落；而这些人对最终的失利总有各种各样的借口。我能够帮助你的是：如何将你的客户关系变现，为公司带来收入。

在客户服务领域，你若是想获得长期的成功，就必须在保证对客户忠诚和提供优质服务的基础上，有艺术地将客户关系转化为收入。在客户服务中，最具挑战的就是你需要拒绝客户让你执行的项目。当客户聘用你所做的事情并没有照顾到客户的最优利益时，你需要在维护客户关系、坚持个人职业操守与招揽生意之间进行选择。

举个例子，假如你的客户想收购一家打字机制造商。你需要告诉客户，从战略角度出发，收购打字机制造商对客户的公司没有益处。此时如何取得平衡是微妙的。从客户的长期利益讲，该交易并不合理；同时，放弃交易也意味着你的公司会失去一笔收入。

在职业晋升过程中，有商业头脑是极为重要的。在本书的第一部分，我们谈到过了解公司业务考核标准的重要性。我向你保证，步步高升的必要条件就是你的商业头脑。

在某些情况下，建立坚实的客户关系和有商业头脑，需要优秀的判断力和钢铁般的意志。

我曾经跟一位知名的商人做过多笔交易，姑且称之为福莱德。他痴迷于收藏美国本土艺术品，他因为交易手法高超、成功项目不胜枚举而得名。大家戏称他为并购交易界的劳模，因为他只是付出，而不求回报。

有一天，福莱德突然给我打电话："吉姆，我想拜托你一件事。"我虽然倍感诧异，但也礼貌地回复道："义不容辞。我能为你做些什么呢?"他问我是否去过纽约的顶级拍卖行苏富比（Sotheby's）或佳士得（Christie's），我回答没有。福莱德说："我猜也是，所以打电话给你。"

那周在苏富比有一场拍卖，他希望买一幅编号为 18 号的画。但是，福莱德不想亲自去，因为若是他去了，该场拍卖的格局就会发生变化。"没有人会认识你"，他说，"你来代替我入场是最合适不过的"。他告诉我，当我走入拍卖行后，我要在前台出示我的驾驶证，完成注册后就可以进场了。他授权我 250 万美元来竞标第 18 号画作。虽然作为客户的拍卖代理人显然不是我的正职，我仍然义不容辞地答应了。作为冒险的一部分，我决定带着妻子和未成年的女儿一起参加。当她们得知这幅画作的出价后，均瞠目结舌。

那天下午，我们到了拍卖现场，所有事都按部就班地进行着。拍卖开始后，苏富比的一位雇员悄悄地走到我跟前，递给我一台电话。电话是福莱德从巴黎的酒店打过来的。他听说有人会跟我竞标，于是把出价提高至 300 万美元。另外，他嘱咐我："要是竞标到了疯狂的地步，那你就自行决定吧。"然后他迅速挂断了电话。

我没有把最新的指令告诉我的妻子和女儿。我紧张地等待着第 18 号拍卖品被抬上桌面。拍卖师对第 18 号拍卖品开价 200 万美元。我出价 210 万美元，随即就有人出价 220 万美元。于是拉锯战就在我们二人间拉开了。对方出到 260 万美元，我就把价钱抬到 270 万美元。由于我的标价明显超过妻女得知的讯息，她们的脸色都白了，写满了惊惧。很快，对方的竞价又飙至 320 万美元，超过了我的授权范围。我的心怦怦地快要跳出来了。由于福莱德告诉我，我可以根据情况自行裁决，我的理解是，在 300 万美元基础上还有 10% 的浮动，即价格的底线是 330 万美元。而我的妻女直愣愣地望着我，好像我已经癫狂了。最后，我以330 万美元竞标成功。全场的人都看着我，好奇我到底是谁。而确实无人认识我，就像福莱德预料的那样。

在向妻女快速解释后，我就到索斯比的休息室给福莱德的助理玛丽安打电话。我告诉她，此刻已是巴黎时间晚上十点，我不想打扰福莱德。我请她转告福莱德，我们竞标第 18 号画作成功，竞标价是 330 万美元。玛丽安告诉我：“你应该只能花 250 万美元的。所以，你还是亲自告诉他吧。”随即，她把电话转给了福莱德。他很快接通了电话，当我告诉他刚才所发生的事情后，电话的另一头变得悄无声息。

好像过了一个世纪，福莱德终于发话了：“瑞德，你做得很对，谢谢你。”

你永远也不知道，是什么让你和客户的关系走向了更深的阶段。做好迎接未知的准备，相信你的判断，最重要的是，要有一颗开放的心。

第十一章

如何赢得生意

————

过于强调自我会让你低估自己的竞争力，并最终给你带来灾难。

——保罗·B. 布朗（Paul B. Brown），作家

要证明自己的商业头脑，最好的办法就是做成一单业务。

有些时候，客户会以正式的形式为交易选择投行。这种竞争被称为业务招揽或竞标（pitch），戏称为"烘焙大赛"或者"选美比赛"。这种正式流程通常是由一份征求建议书（request for proposals，RFP）发起的。RFP 是一份征求建议书，常见于竞标流程，由对某项服务有需求的公司提出，对象是潜在的服务提供方，供其准备商业计划案。

所谓"烘焙大赛"，就是数家机构为获得某客户的项目互相竞争的过程。如果你想在商业上胜出，你必须意识到"烘焙大赛"既是艺术又是科学，有很多至关紧要的环节。如果你是客户的现任顾问，正在与客户共事、为客户解决难题，赢得竞争能够继续巩固你与客户的关系；

赢得竞争还可以帮助你认识更多的客户和自己公司内部的同事，更能为公司赚得重要的收益并且巩固行业地位。从个人角度来讲，成为胜出的团队能够证明你的综合能力并提升你的声誉。有一些现任顾问会因为内心的骄傲变得非常顽固，不愿意放下身段去跟其他机构竞争，因为他们认为自己从客户那里拿到项目是理所应当的。从另一个角度上讲，如果你是第二梯队的顾问，参与竞标是从竞争中胜出的契机，尤其相对于现任顾问而言。你要把参与竞标看作威胁和机遇共存。

在参与过数百场的"选美比赛"后，我学会了把关注点放在客户需要买什么上，而不是自己能卖什么。在对接客户的时候，情感和理性同样重要。重点是前期的准备、有效的沟通和说服力。从竞标中胜出并不是靠手势、仪态或 PPT 文稿。你要让真实的自己绽放光芒，因为客户聘请的是你、你的团队和你的想法，不是机构或者办公大楼，也不是你的资历。在竞标过程中，更重要的是谁，而不是为什么。

有几条指导原则可以帮助你更好地传递为"谁"效力，而不只是拿"为什么"给客户。你推销的是产品，而产品的优势是针对客户需求的，并且能够让客户使用的。表 11 - 1 中列出了我所建议的竞标演示的时间安排。

表 11 - 1　竞标演示的时间安排

内　　容	所占时间百分比
产品（你的团队和过往经验）	20%
对客户的好处	40%
如何协作	15%
需要面对的目标/问题	20%
行动指令	5%

大部分的竞标书中的 80% 的内容是关于资历和晦涩的图表。而赢得竞标的正确姿态是"能做"的意愿，并且要简明易懂。你需要表现得像一位顾问、伙伴，而不是一名供应商。多讲讲客户期待的正面积极的结果，而不是谈论跟期待产生冲突甚至带来破坏的技术辞藻。

对演示文稿的内容和表现形式要精心打磨，以符合你的策略。这意味着在描述客户的问题时，你要把自己的长项作为解决问题的方案。你可以用"如果我是你，我会考虑……"，也可以举例说明在另外一位客户遇到同样的情况时，你是如何用你的专长给客户带来更大的价值的。和为客户提供价值相伴的还有与客户的情感联结，作为成功的关键，情感联结是重要的分水岭。**如果你没有辨识度，你和你的公司就只是商品——这代表着你的销售变成了价格，而不是价值。**

所以，在策略上，你要专注于证明自己的价值。如果你看起来专业并且有条有理，你就为自己营造了正面的形象。若是参与竞标迟到，就会传递出傲慢和散漫的信息，所以一定要早到并早做准备。演示一定要提前演练，做到熟练。来自客户的反对意见不外乎："你的立场意味着你的利益与该项目有冲突""你的报价太贵了"或者"我们对于贵公司来说太小了"。

你的团队需要一张问题清单或者详细的时间表来规划竞标演示的准备工作：演示的两个星期前、一个星期前、一天前、当天和结束后的一天。这就给谁在什么时间内负责哪些事项有了明确规定。

在竞标演示中，以客户的口吻开场。用客户的行话，而不是用专业机构的术语（客户不太情愿承认自己不懂你说的话）。要想知道客户的行话，可以通过 RFP 文件和客户的官网了解更多的相关内容。这需要做更细致的功课，不过也是值得的，因为这样客户能够感受到你的用心，并且在与你交流时产生共鸣。

考虑用一页主旨概要（executive summary）来开始你的演示，这会让客户对你的演示内容和中心思想有全面的了解。在演示之初，这页概览就像是催化剂，如果话题有了变化，客户可以告诉你竞标演示里没有的内容。

在竞标演示报告环节，容易犯的一个错误是让初级同事负责演示报告，简单地告知其更新标准的机构介绍手册，并把客户的商标放在首页。这种情况下，高管第一次翻阅这本材料，通常是在去参加客户会议的飞机上。明摆着该竞标材料不是为客户量身打造的。客户一眼就会看出，这不过是一本通用手册罢了。

另一个错误是低估竞争的激烈程度。有些竞争者是"大话精"，他们会夸大自身的实力，承诺毫无根据的报价，或者伪造利益冲突来阻止你参与到竞标过程中。有些竞争者会提出很低的报价。作为竞标流程中最后的演示者，你完全可以把之前扭曲的情形进行翻转，做出漂亮而重要的反击。

在我过去参与的大多数交易中，拥有个人情感联结非常关键。曾经，历史上最大规模的公司正在筹备 IPO。我作为 20 人团队的一员，花了五年时间跟客户公司所有层级的人员都建立了坚实的关系，除了 CEO。我被告知，CEO 不想跟银行家接触，对于公司上市也充满疑虑。经过漫长的时间和艰苦的努力，IPO 的路径日渐清晰。我被告知，交易不会再招标，只要我们能够说服 CEO 企业上市对企业长期发展是有利的，并且不会给企业文化带来负面影响，该笔交易就是我们的囊中之物了。有六位不同的高管都提醒我，跟 CEO 的会面是有决定意义的，我们不能表现得急于求成或咄咄逼人，否则会带来灾难性的后果。

与 CEO 的会面安排在距离客户公司总部数英里之外的酒店会议室。谈判桌的一边坐着 CEO 及其三位下属，另一边则是我和资本市场部的一位资深同事。会议室的气氛紧张极了，CEO 双手交叉放在胸前——典型的不友好的身体语言。每个人都知道我需要表现得"积极"一些，但是我没有把将要说的话告诉过任何人。

我开始发言，我告诉在场的客户，本次会议让我想起了上周末的一次谈话。上周日，我向舅父致电问候，因为他患有恶性肿瘤已经病入膏肓，我正值豆蔻年华的女儿已经成为一位优秀的竖琴演奏者。我打电话的时候，她正好在弹奏竖琴。（在我侃侃而谈时，CEO 的下属和我的同事都一脸茫然地看着我，好像我已经疯了一般。）

我的舅父接通了电话，我们聊起天来。过了一阵，我问道："你能听见音乐声吗？"他说："什么？"我说："你能听见竖琴声吗？"他回答："别催我。"会议室里一片寂静。

所有人都把目光投向了 CEO。他停顿了一会儿，然后发出爽朗的笑声。他明白我的故事背后的含义。他知道，我们不会咄咄逼人或者催他尽快做决定。最后，我们赢得了该 IPO 项目。

在业务筛选过程中，洞察力是一切的一切。你的胜出取决于客户认为你优秀，而非取决于你自认为优秀。

建立客户关系的艺术

前面已经讨论过，专业顾问必须在给出正直的意见和有商业头脑之间保持平衡。建立可信任的、忠诚的客户关系是一门艺术（见图11-1）。你需要跟着经验丰富的客户服务专业人士进行数年门徒式培训，才能理解如何建立和保持长期的客户关系。这里就会告诉你，我在过去服务客户的40年里学到的经验。

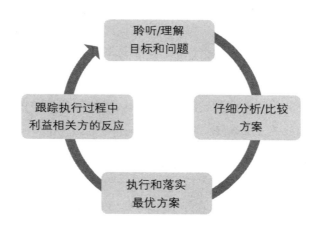

图11-1　建立客户关系的艺术

在建立客户关系的时候，聆听和理解客户的目标和问题是至关重要的。在客户把自己的目标和问题告诉你之前，他们首先要信任你。他们需要感受到，你是把他们的最大利益放在首位的。**同理心**能够帮助你与客户建立信任。同理心是理解他人的感受，因为你曾有过同样的经历，或者你把自己放在对方的角度，设身处地为对方着想。

在了解客户的目标和问题后，你就可以仔细分析、对比不同的可选方案。你要注意，与客户沟通时，不要太快就跳到答案。最好的方式是，你陪着客户仔细推演不同的方案，了解客户对不同方案的看法。

你希望成为的是能够真正理解客户需求的、从客户最大利益出发的顾问。若是强推某种解决方案，你很可能被视为一位自私的产品销售人员，而不是真正理解客户需求的、值得信赖的顾问。不要成为一次性产品的销售人员，只想着完成销售任务，不停地硬推自己的产品。你应致力于培养回头客，让客户对你忠诚，一次又一次带着他们的问题来找你。

当客户根据目标和问题选择了最优方案后，你的工作就是按照第一流的方式执行和落实方案。高水准的执行力需要用心和专业技能。注意，不要期望把项目直接转交给同事，而你只在项目结束时才出现。即使你不在执行团队里，你也要跟客户和执行团队保持沟通。

在交易或者项目结束时，你要跟客户保持联系，跟踪项目的进展，对不同的利益相关方在交易结束后的反应保持敏感。商业和市场是动态变化的，这意味着随着时间的推进，项目有可能需要调整甚至是重做。这也意味着，重新回到图 11 - 1 循环图的第一环节，倾听和理解客户遇到的新的目标或者问题。

如何把客户关系变现

大部分专业机构有的是客户关系模型，而不是交易模型。客户关系模型是指，在建立长期客户关系的基础上，形成可重复的商业机会。对于专业服务机构来说，可重复的商业机会在战略上和经济上格外重要。

建立长期的客户关系需要在时间和成本方面进行大量的前期投入。专业服务机构很重视关系模型，因为每一项新兴的、可重复发生的业务（简称"重复业务"）带来的边际成本，随着时间推进，是越来越小的。

重复业务还有其他的好处，重复客户通常会使用专业服务机构的各项服务，这意味着该客户会介绍很多他的人给你的公司。以及，他们会在内部讨论中提供关于战略或者财务方面的真知灼见。重复客户还是优秀案例的来源。有时候，他们会给你和你的公司提供重要的反馈意见，供你提升服务品质。另外，重复客户还能告诉你更多关于你的竞争对手的近况。

图 11 - 2 展示了以客户为中心的模型是如何运作的。

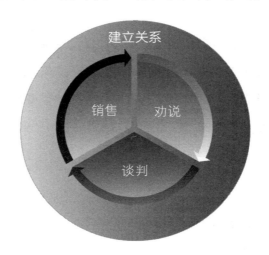

图 11 - 2　客户关系图

该模型的首要目标就是持续地建立和巩固你与客户的关系。在这个大目标下，你要和客户进行三个环节的互动：劝说、谈判和销售。你需要敏锐地意识到你和客户进展到图中的哪一环节了。我也是走了弯路，才学会这三个环节都需要在保持长期客户关系的基础上进行推进。

你需要学习和掌握劝说、谈判和销售的艺术。

- **劝说**：劝说行为是主观的，更多的是与客户建立情感上的连接。我会在接下来的章节再谈到劝说。
- **谈判**：谈判行为则是客观的，是与客户一起打磨、确定交易细节的过程。在谈判中，交易双方都要有魄力放弃次要的条款以争取对自己最重要的条款。多年的谈判经验让我认识到，所谓谈判，应该是双方共同就某项问题进行讨论以寻求解决方案，而不应该是对一个大小固定的蛋糕进行切分。举一个简单的例子，对费用谈判的有效解决方案是采取激励机制，即若取得较好的结果，顾问可以获得更高的报酬，而无须为中庸的结果获取固定不变的报酬。客户越信赖顾问，沟通就会越简单。我一般会用讨论而非谈判的方式来跟客户开始这类谈话。

我读过最好的有关谈判的书籍是由罗杰·费希尔（Roger Fisher）、威廉·尤里（William Vry）、布鲁斯·巴顿（Brace Patton）共同撰写的《谈判力》（*Getting to Yes*）。该书详细表述了谈判的本质和技巧。不同于把谈判作为零和游戏或者一方赢、一方输来看待，该书强调通过寻找共性和共同利益诉求，找到共同满意的解决方案。

- **销售**：我认为销售的核心在于说服客户某项想法、产品或者服务是物有所值的。劝说和销售的区别很微妙。劝说更多是情感上的——让客户相信他们需要某种方案。而销售则是在谈判过程中让客户对交易扣动扳机的催化剂。

再说一次，我希望你们能够从我的失败中学习。有时候，我在面对客户的时候会只见树木不见森林。你需要有足够的自我意识，知道什么时候在谈判，而什么时候在销售。你可能由于太接近客户的底线而显得咄咄逼人。我曾经因为在费用谈判上显得过分强势而最终错过了交易。那是怎么发生的呢？我破坏了客户关系，因为我在谈判中对费用的每一块钱都据理力争。这次失败让我真正理解了图 11-2 外圈对比内圈的含义：你需要劝说、谈判和销售，但同时你还需要建立和保持与客户的长期关系。

当我发现客户关系出现异样的时候，我会跟老板谈话。他通常会这么回复我："你这个大傻瓜，到底做了什么？你以为自己是为了费用在跟客户谈判，但你破坏了数十年才建立起来的客户关系。你是脑子进水了吗？"这确实很糟糕。

如果你发现跟客户的对谈已经进入白热化的阶段，可以打电话给同事，问他"现在与客户的处境较为艰难。如果你是我，你会怎么处理？"或者"你见过类似的情况吗？"或者"在费用和维护客户关系上，哪个更重要？"。大多数情况下，没有深入参与的一方对绕开谈判僵局能提供更客观、理性的见解。不要成为破坏客户关系的独狼，等到再无转机的那一天，所有人都会指责你："如果关系出现问题，为什么你不提前寻求帮助？"

在跟客户共事的任何时候，你要清醒地认识到你和客户处在客户关系图的哪个位置。你是在劝说、谈判还是在销售？你是在过分硬推甚至可能破坏整个客户关系吗？你是否需要向同事咨询不同的见解以避免自己被看作独狼？这些问题都很关键，因为你需要常常思考关系图的外圈，即保持长期的客户关系。

如何更好地说服他人

在劝说他人做某事时，聪明的做法是让他觉得这个想法是他自己的。

——尼尔森·曼德拉（Nelson Mandela），南非政治家和慈善家

劝说或影响他人是极富挑战的。劝说跟谈判或销售不一样，劝说是与客户建立情感的连接，是主观层面的行为。

罗伯特·B·西奥迪尼（Robert B. Cialdini）是全球知名的说服术与影响力研究权威。他提出了影响力的六大原则[⊖]。

1. 互惠原理。这是礼尚往来的原则，吃人家的嘴软，拿人家的手短。比如说："我为你做了一项交易或者分析，现在你能为我做什么吗？"

2. 言行一致。一旦人们做出了某个表态、承诺或者决定，他就会设法维持自己的言行一致。人对于言行一致都有很深的执念。举个例子，如果客户曾在一次大型会议上对某项新的议案表达了初步兴趣，那

⊖　出自罗伯特·B. 西奥迪尼撰写的《影响力》（*Influence*）。

客户会倾向于继续支持该议案。

3. 社会认同。 当人们没有足够信息进行理性判断的时候，通常认为别人的判断是合理的。这是从众心理的表现，即人们参照别人的行为来决定采取什么行动才是正确的，尤其是当人们认为那些人与自己相似的时候。比如说："你真的应该这么做交易，因为所有人都是这么做的。"

4. 爱屋及乌。 人们总是愿意与自己认识和青睐的人做生意或者被其影响。为此，客户需要认为你是把客户的利益放在最重要的位置上，而不是自吹自擂之人。"你喜欢我，我也喜欢你，我们互相信任。所以，你要相信我，这样做对你是有利的。"

5. 臣服权威。 即使是具有独立思考能力的成年人，也会为了服从权威的命令而做出一些完全丧失理智的事情来。比如说："我是个专家，我在该领域发表过研究论文，我曾经对该话题发表过演讲。"人们更喜欢跟有声誉、有威望的人保持一致。

6. 短缺原理。 因为资源短缺，所以产生需求。我很喜欢的例子是："监管机构正准备禁止相关类型交易，你需要尽快，否则将错过良机。"或者："可交换债的窗口要过期了，你要加紧处理。"

当你想要劝说或者影响他人的时候，你可以采用西奥迪尼的以上原则。

不过，无论你的劝说术或者洞察力有多高明，你的客户都希望从你那里获得认可。换句话说，在你成功劝说客户跟你合作后，你一定要感谢他们。在合同签署后，寄一封手写的感谢信给客户。一定要真心实意，能感受到你的真心的客户更容易成为忠诚的客户。告诉你的客户："我们重视跟您的关系。"

第十二章

如何准备客户会议

工欲善其事，必先利其器。

——孔子

当你开始着手准备客户会议时，一定要关注图 12 - 1 所示的四个
R：Read（阅读）、Reach（接触）、Raise（提出）和 Ready（准备好）。

图 12 - 1　如何准备客户会议

准备客户会议的四个 R

阅读所有你可以找到的有关这家公司、所在行业、即将会面的人物
和会面时要讨论的特别事项的信息，理解客户所在行业的基本情况。企

业规模重要吗？这家公司的行业地位如何？尝试从有意思的、不同的角度来考虑客户会议。

接触所有能够提供见解或者客户端联系方式的人物。建立系统的客户档案，包括情报收集等。利用公司内部的资源，包括能够提供关系连接和客户见解的公司高管。识别客户端的关键决策者、客户的其他外部顾问（比如律师、会计师、财务顾问、咨询师等）和重要的关联方。

提出你的见解。尝试跟 CEO 或者 CFO 进行第一次会晤，这意味着要适当地冒险。对于其他专业机构，可能是首席律师或者战略总监。尝试联系最高层的决策者，因为首次会晤将决定你接下来跟客户打交道的层级。

很多时候，我尝试走捷径，跟财务主管会面。这样做有何不妥呢？财务主管是守门人的角色，他的答复很可能是："你不需要见我的老板，把你的想法告诉我，我会帮你传达。"接下来，你可能就被限制在财务室了。若是你的第一次客户会晤见到的客户级别比较低，那么接下来，想要见到更高层就会很困难。所以，你若是从一开始就有更高的起点，能避免很多不必要的麻烦。

另一位守门人可能是高管助理。如果你给助理电话约时间，助理一般会问起会议的内容。你通常会这么说："请转告领导，我有一些见解，能够帮助他（或她）的工作更顺利。"

助理接下来会问："哦，那么你的见解是什么呢？"你可以礼貌地回复："这些见解挺敏感的，我希望能够当面告诉他。"这样做是无可挑剔的。如果你告诉助理，你的见解能够帮助老板在工作上做得更好，你就会得到会面机会。现在，你最好真有一些真知灼见，因为我可以向你保证，你一定会跟企业高管碰面。

最后，你要表示自己**准备好**了，并早早地到达会场。首先，早到是为了表示尊重，而迟到则表示不够尊重。另外，如果你能够早到，你可以跟助理闲谈几句。你永远也不知道自己能够得到什么。如果你真诚地对待助理，并且跟助理建立关系，你就会惊讶于这位助理能够带来的帮助。

还有，如果你能够早到，你就可以和客户公司的其他人聊一聊，以便在会议开始前得到最新的情报。

如果在会议前助理把你安排进会议室，你要占据会议室的中心，并让自己看起来有条不紊。你一旦进入会议室，就有机会在座位安排上做战略考量。商务会议的座位不是随意安排的，是有讲究的。你并不希望压倒客户，只是希望营造一种学院式的氛围。

在长方形的谈判桌前，核心位置是面对大门的正中央的座位。坐在核心位置上的人能够清楚地观察到会议室内所有人的进进出出。最有权力的人会争抢该位置。第二重要的座位在紧挨核心位置的右手边，第三重要的座位在紧挨核心位置的左手边。这两个位置被认为是协作者之椅。

接下来重要的位置位于谈判桌的角落。这个位置可以让互相不认识的人挨得近些，但又以桌角作为界限。

正对核心位置的座椅是竞争最激烈的位置。谈判桌好像一道天然的屏障，相对而坐的人最具对抗性。

如果你想与客户建立关系，坐在正对面的位置是最危险的。你并不想在无意中就与对面的客户产生敌对的立场。

最糟糕的情况是，你把自己安排在面朝门的最重要的位置，或者在谈判桌的一头，以显示你就是老板。如果你选了其中的任意位置，就好像是在表达你有实力对抗客户。

稍差的情况是，如果座椅安排带来了一种"我们 vs. 你们"的氛围。比如说，专业机构有四位同事出席，而客户方只有一位，那我会选择挨着客户坐，而让我们团队的其余人坐在桌子对面，以这样的座椅安排来表示我是站在客户这一边的。

在你选择会议室座位的过程中，看似不起眼的信息能够影响客户如何看待你，是否接受你的想法，以及最终你能否成功赢得项目。

改变观念

假如你邀请我参加一场会议。我会问："我们希望从会议中得到什么？我们希望客户同意某项交易或者业务吗？我们怎么能得知这是一场效果不错的会议呢？我们会想再安排一次会议吗？我们是否想在下次会议中跟这个人的老板会面？"

好的会议不会把话题仅停留在新闻、天气和体育娱乐上。你对开会的目的要细心思考，如此才能期待有成效。虽然听起来太过直接，但该问的问题一定要问："我们希望从本次会议中得到什么？"为了准备一场好的会议，你要有很强的目的性，对于会议的期望要了然于胸。

对于会议开场的头 25 个字，你一定要悉心准备，从而保证会议有好的开头。当我不断重复地向跟我共事的人们讲同样的话时，他们往往很无奈："你不能为了聊聊新闻、天气和体育，就去出席一场重要的会议。你必须非常清楚开场的三句话。"我曾经跟一些高管拜访客户，他们的开场白可能是："您最近好吗？""近况如何？"这种开场白太过平淡，说明你对会议没有做好准备。

即使你已经知道头 25 个字要怎么说，仍然会很紧张，但至少不要表现出来。我曾经把我要讲的 25 个字用语音信箱记录下来，并反复播放给自己听。我有没有结巴？语速会不会太快？头 25 个字的语音语调动听吗？聆听我自己的头 25 个字，帮助我把这些字刻在脑海里。

最好的会议并不是靠书面的演示报告或者材料。客户希望顾问能够倾听，而不是像人工版的"百科全书"似的，仅是在复述客户及其所在行业的客观事实。如果你能够想到一些好的问题给客户，会议就比较有收获。仔细聆听客户对问题的答复。如果你是一位优秀的聆听者，本次与客户的会议就会更有效。

听客户说，不要打断。客户说得越多，他（或她）对会议的感受越好。

善始善终

在每次与客户的会谈中，有好的开场和好的结束是很重要的。在做预备工作和准备你的开场白之外，你还需要跟客户建立一种融洽友好的关系，特别是新客户。这主要是在正式会议开始前的私下场合进行的。你用 25 个字的演讲开始正式会议，但在会议开始前，你需要用破冰的方式与客户进行对话，以便了解客户更多的近况。

我发现最有效的方式是问客户："您是怎么开始这项业务的？"通常而言，客户很乐于分享自己的故事。这不只是让客户讲他（或她）自己——这是非常正面的——这也是发现你与客户共同点的方式。

问开放式问题的好处是你有可能会发现客户与你的共鸣。你总能找到两人"一击即中"的共同话题或者连接。奥利和罗姆写过一本关于阐述这种"一击即中"现象的书，叫作《一击即中：在我们与人、工作和所有事物相交背后的力量》，这本书解释了什么使得我们与某类人产生一击即中的共鸣。你可以尝试寻找你与客户的共性：你们都痴迷于全国橄榄球联盟；你们曾在同一所学校求学。找到这些共性，并在客户和你之间加深这类谈话，从而巩固你们的关系。

关于开启会议的商业部分，我介绍一种行之有效的简单办法，就是

⊖ 奥利·布莱福曼（Ori Brafman）和罗姆·布莱福曼（Rom Brafman）于 2010 年出版了一本关于阐述"一击即中"现象的书，叫做《一击即中：在我们与人、工作和所有事物相交背后的力量》（*Click：The Forces Behind How We Fully Engage with People，Work，and Everything We Do*），由 Random House 出版。

确认客户的问题，必要的时候可以使用托词。也就是说，用你的理解去阐述客户的需要，并询问对方你的理解是否正确，是否就是客户希望你在会议中回答的问题。在跟客户开会前，在你和团队准备方案的数周里，情况可能会发生变化。因此，你一定要确认自己掌握最新的信息，并以最新信息来准备方案。

在会议开始后，我可能会问客户："十天前，在我们的通话中，我们敲定了本次会议的话题是'圆珠笔'。我的同事当时并不在电话边，为了我同事的方便，您能再告诉她更多关于'圆珠笔'如何对贵公司的战略和财务产生重大影响吗？"在这个例子中，我以同事作为托词，不过也算正当理由。最糟糕的一种情况是，用低价值的会议浪费客户的时间。

这种方式给了客户契机来表达："我们不想再谈'圆珠笔'了，我们希望聊聊'手表'。"在会议话题敲定之时，可能客户并没有完全想清楚，也可能你误解了，也可能话题确实转变了。无论如何，你已经知道客户现在关注的是什么，你和你的团队随即可以调整方向，对"手表"进行讨论和研究。

如果客户确认了原来的话题仍然是正确的，那你就可以展示你的分析成果了。告诉客户，你已经研究了数个可行方案，并选出了两个最有吸引力的方案。在对比不同方案的过程中，你帮助客户选出最佳方案。

记住，不要让客户直接就跳到答案。陪伴客户一起探讨不同的可行性，在展示不同方案时要注意平衡，不要顾此失彼。曾经有位资深的投行界前辈告诫我："以什么作为比较？"我实在不太明白他要表达的意思。他解释道："你要理解，客户有选项 X，有优势也有劣势；客户还有选项 Y，也是好处与坏处分明。"你要做的是，以客观的方式把选项展示给客户："您可以选择 X，也可以选择 Y。"

对于不同的方案，不要表现出过多的倾向性，比如强烈推荐 X 选项。如果你这样跟客户讲："你有太多的理由选择 X，每个人都会选择 X。"这样的表述就显得你好像是在给客户推销产品，而不是把不同的选择展示给客户，帮助客户做选择。我们之前曾提到过，以客户为中心的、持久稳定的客户关系是核心，是能够帮助公司走到最后的因素。你并不是在强推某项产品，而是在帮助客户解决问题。

在会议结束后，你还需要思考自己有哪些收获。你可能想安排另一次会议；你可能想让客户跟你分享机密的信息；你可能希望得到推荐向董事会汇报；你可能想让客户签署服务合同。清楚你想要得到什么，会帮助你心想事成。

一位投行前辈曾教导我结束客户会议的漂亮招数："请让我总结一下。您知道我们非常重视跟贵公司的关系。本次会议让我们更多地了解您面临的挑战，意义颇大。我们对贵公司的了解向前迈进了一大步。我非常有信心，我们能够出色地帮助您解决问题。故，我建议在下周二安排一场会议，以便跟进今天的未尽事项。"你一旦得到了想要的，就大步流星地离开会场吧。

怎样开口招揽业务

这应该是本书最神秘的部分了：开口招揽业务。我可以告诉你，第一次向客户开口招揽一个大项目时，我是多么的诚惶诚恐。不过，你完全没有必要像我这样。

首先，在客户会议的末尾，你可以如此提议："我总结一下，我们讨论了该项问题为什么是重要而紧急的，我们对您的数据进行了分析，与您的员工进行了讨论；我们分析了不同的方案，最后我们共同选出了最优方案。在我的判断中，现在的时点真是天赐良机，您愿意进一步推进，使得我们可以撸起袖子开干吗？"

然后，你就闭嘴，仔细听。两种情况的其中之一会发生。客户可能会说："好的，继续推进。"如果情况是这样的，那么就感谢他（或她），然后离开房间或者挂断电话。

不要继续推销。比如说，我向太太建议周末去看电影。我们看了看哪些电影正在上映，然后选了一部。接着，我继续对选好的电影大放厥词："让我告诉你拍摄的手法……让我告诉你化妆和道具……让我告诉你影评……"接下来，我的太太很可能会说："我已经答应你看这部电影了——不要再推销了！"

如果在接到了客户肯定的答复后，继续强推，你冒的风险是说出一些不好的话，可能会导致客户改变想法或者缩减项目规模。这种画蛇添足的行为需要尽量避免。

如果客户拒绝了，那你应该怎么办呢？

面对拒绝

你知道卓越的运动员跟平庸的运动员的区别在哪里吗？平庸的运动员总是把注意力放在刚结束的一击，而卓越的运动员则把目标放在接下来的一击。平庸的运动员一击不中后，满脸愁容，落地后紧跟着的就是愚蠢的犯规。而卓越的运动员一击不中后，马上清零，落地后立即抢过球来，带球上篮。

——迈克·沙舍夫斯基（Mike Krzyzewski），
被选入名人堂的大学篮球教练

当你面对客户，开口向他提出招揽业务的请求时，当客户说"不"的时候，你必须要学习如何面对拒绝。

如果客户说不，你要问为什么。你的目标是通过问为什么，了解客户拒绝你的业务招揽的原因。大多数时候，客户会对你的解决方案、产品或者服务提出反对意见。反对意见不外乎就是以下几类：

- 暂时还不需要。
- 目前还不太紧急。
- 太贵了。
- 针对我的问题，解决方案是错误的。

但是，客户抛出来的第一个反对意见通常只是停留在表面，并不是根本原因。第二个反对意见可能才是最重要的。比如，客户或许一开始会说："太贵了。"这可能并不是根本原因。如果你继续提问："对于提案，您还有什么不满意的地方？"或者"请帮助我了解您的顾虑。"客户可能会说："你知道的，其实还挺复杂，我认为自己没办法跟老板交代。"那么，对于客户的拒绝，你就会感觉好一些了。如果你不问第二个问题，你就不会认识到真正的阻挠，也不会有机会去克服或者解决它。

最优秀的专业服务人员会预见到可能的反对意见，并对客户的回复进行预演。我的建议是，邀请一位同事跟你一起，通过角色扮演来考虑客户可能拒绝的理由，并预演应对的方案。

当你劝说客户委托你所在的机构出具方案、解决问题时，被拒绝是不可避免的。处理被拒绝是一门艺术，大部分的理论都是关于如何避免被客户拒绝。如果你跟某位客户的互动不太顺畅，你试图改善客户关系却一无所获，我的建议是告诉你的上级，把你调离客户所在团队。

第十三章

如何在客户面前脱颖而出

——————

通过欣赏和信任让自己脱颖而出

在专业服务领域，呼风唤雨的人物总是有一些共同特征。他们很聪明，但不见得是最聪明的。他们很勤勉，但不见得是最勤勉的。他们之所以能够成功招揽生意，是因为他们的客户欣赏他们、信任他们，也是因为他们有着深刻的洞察力。

要使自己脱颖而出，你必须让客户信任你，相信你能够把他们的最大利益放在第一位，而非你自己的。不能让他们认为，你建议的交易或者项目会给你自己带来比客户更多的利益。客户信任你，才会跟你签合同，请你来解决他们的问题。通过交付高品质的工作成果，客户感受到你真正照顾了他们的最大利益，就会与你建立起信任关系。

在跟客户的所有互动中，你都需要把客户的利益放在首位，无论跟交易是否直接相关。记得有一次，我陪伴一位文质彬彬的 CEO 和他的新婚太太从日内瓦搭私人飞机前往伦敦。我们谈到在瑞士会使用哪些语言，我说瑞士人可以讲德语、法语和英语。CEO 的太太问道："当我到伦敦后，他们讲英语吗？"我瞬间呆住了，CEO 也一脸惊恐地望着我。我顿了一下，然后回复道："这实在是个好问题，伦敦是英国的一部分，在苏格兰，人们说苏格兰盖尔语和英语。在爱尔兰，人们说爱尔兰盖尔语和英语。在威尔士，人们说威尔士语。在伦敦，人们说英语。"CEO 的紧张神情立马放松下来，他对我的回答非常满意，因为我没有让她的太太难堪，我是真正把他的最大利益铭记在心的。

另一个把客户利益放在首位的例子是管理跨文化交流。我有一位同事，姑且称呼他理查德；他的父母是中国人，但是他出生和成长在美国。理查德曾在摩根士丹利的纽约办公室工作，后来又调到香港办公室。理查德的中文非常流利，他知道在亚洲做生意的细微文化差异。特别值得一提的是，理查德知道在亚洲很多国家，保留面子是很重要的。丢面子意味着丢荣誉或丢尊严，过于直白地说话可能会引发对方的抵触情绪，在下属面前丢面子更是让人难堪的事情。

事情发生在中国某特大城市的一次私宴上。晚宴是为了感谢理查德完成一单重要交易而特别安排的。客户 CEO 是主宾，坐在理查德的左手边。CEO 的下属坐满了圆桌的其他位置。菜单用中文展示了即将上席的十道菜肴，第五道菜是狗肉。理查德非常喜欢小狗，当听说要吃狗肉的时候，内心很不是滋味。理查德面临着两难的选择——拒绝吃狗肉而让主宾丢脸，或者吃狗肉。当狗肉端上来以后，理查德还在踌躇要如何选择。他悄悄告诉主宾，他非常感激客户的盛情款待，但因为他是1970 年出生，属狗，对于理查德而言，狗是圣物，所以他不能吃狗肉。主宾想了半晌，表示尊重理查德的选择，他可以不吃狗肉。理查德的随机应变让他成功地以绅士姿态避免了窘境。

人们喜欢跟自己欣赏的对象做生意。所以，你需要找到方法让人们喜欢你，把客户的最大利益放在首位是最有效的方法。

客户关系的核心是忠诚，忠诚的客户是回头客。这种客户会撇开他人，给你独有的机会，并在你失误的时候再找到你。亲和力是信任的基础，而信任、亲和力和卓越的服务三者结合，构成了忠诚的基石。

通过深刻洞见让自己脱颖而出

刹那间的洞察有时候胜过了一生的经验。

——奥利弗·温德尔·霍姆斯（Oliver Wendell Holmes Sr.），
美国医生、诗人、教授、讲师和作家

正如之前所讲，我有一位老朋友曾说过："一个观点值 20 分IQ。"当你在专业领域工作，你必须知道当今世界发生的事情，以及这些将如何影响你的客户的行为和判断。如果你是专业服务机构的员工，客户向你咨询一则财务新闻，而你并不知道，跟他说"等等，我问问我的朋友"是不合适的，你必须有自己的观点。

洞察力是观点的重要组成部分，也是让你在客户前脱颖而出的路径之一。在我入行的时候，投资银行属于资讯和方案设计领域，从业人员通过一条条的股票行情纸带掌握着最新的财务资讯。一条条的纸带连接着电传打印机，从早到晚地传递着信息——所以我们称之为**股票行情纸带**。

现在呢，所有人都可以通过电子和数字媒体掌握实时的资讯。我访问的每一位 CEO 桌上都有两台彭博（Bloomberg）终端。**当信息商品化以后，光靠传递信息产生的服务价值已经微乎其微；如今，服务价值来自我们给客户提供的洞见。你如何把信息转化为洞见，成为客户值得信赖的顾问呢？**

最近，我跟一位大型物流公司的 CEO 谈到他的商业模式对能源价格的敏感度。如果原油价格上升，我就用电话向他汇报该讯息。他可能会说："为什么你要浪费我的时间告诉我这个？我有自己的彭博终端，说些我不知道的。"

在你致电客户前，你需要把这条讯息输入到一个简单的公式里：**信息 + 背景 + 分析 + 判断 = 洞见**。

在这个例子中，你获得的信息是原油价格飙升，你还需要知晓当下的背景。因为你是一个出色的听众，你了解你的客户正在关注和担心的是什么。现在，利用这条信息和背景，加上分析和判断——借助同事的一点帮助。

例如，我可能给一位分析师致电，向她请教原油价格的变动对物流公司财务模型的影响。十分钟以后，当她完成这个新模型，我就知道新的原油价格对物流公司的收益、现金流、资产负债表和股息的影响。

接下来，我会给公司各部门的优秀同事打电话，询问他们的观点和见解。我可能会致电股权资本市场部、信用部、并购部、大宗商品和研究部，请教他们对原油价格变动的看法，以及他们是如何跟客户沟通的。这给了我综合的判断力，帮助我准备跟客户的电话。现在我可以打电话给客户了，告诉他："我知道您肯定也看到了原油价格上升至 X，我记得我们那天的对话。于是，我们根据您的商业模式做了对应的分析，我们认为卖方可能会说……评级机构可能会说……而贵公司的董事会可能会考虑……的问题。我们对您有两个建议，您下周二有空吗？我们过来拜访，当面跟您探讨这些想法。"

这种方法很有可能成就你跟客户的下一次会面。不是所有人都会用这种方法，因为把信息、背景、分析和判断进行整合不是容易的事情。你需要记住，我们不再是信息的搬运工。以前，第一个获取信息是有价值的，而现在，给出深刻的洞见比第一个获取信息更重要。为了收获洞见，你需要做更多的功课，才能在同僚和竞争者中脱颖而出。

运用苹果五步服务法则

你知道苹果商店（Apple Store）的员工是如何有条有理地跟客户互动吗？苹果商店创立了一套特别的体系来培训员工，指导员工与客户的互动，这套体系叫作苹果五步服务法则（Apple 5 Steps of Service[⊖]）。在

⊖　卡迈恩·加洛（Carmine Gallo）于 2012 年 5 月 16 日刊登于福布斯的文章《苹果商店的秘诀：五步服务法则》（*Apple Store's Secret Sauce：5 Steps of Service*）。

每一笔交易中，每一位苹果商店的员工都需要按照这五个步骤操作。这个体系以苹果的英文首字母缩写 APPLE 作为总结，包括：

- **A**pproach customers with a personalized, friendly welcome. 用个性化、友好的欢迎来接触客户。客户只需要花 10 秒钟就会对商店员工的背景和经验形成固化的印象。第一印象实在是太重要了。

- **P**robe politely to understand all the customer's needs. 仔细查证，了解客户的所有需求。苹果商店的员工在为客户推荐合适的产品时，会问客户一系列的开放式和封闭式的问题，并不会只推选贵的。

- **P**resent a solution for the customer to take home today. 为顾客提供即刻即时的解决方案和产品。苹果公司喜欢提醒商店员工，他们不是在销售电脑，他们是在让他人的生活变得更丰富多彩。对于让客户的生活更精彩，并培育客户的忠诚度，推销肯定不是唯一的方法。

- **L**isten for and resolve any issues or concerns. 倾听并解决任何问题或顾虑。客户会有"隐而未现"的需求或顾虑。苹果商店的销售专家通过培训，会在"仔细查验客户需求"的环节中，发现客户的隐性需求。这也是为什么问好的问题那么重要。

- **E**nd with a fond farewell and an invitation to return. 结束时愉快地告别，并邀请顾客再来。客户在结束交易时的愉悦心情会影响他们对品牌的认知，以及他们是否会向朋友推荐该品牌。

这五步服务法则可以推广到任何的客户关系中，包括专业服务领域。如果你能够了解客户的显性和隐性的需求，并让他们心怀感激，你的客户就会通过购买行为和忠诚来回报你。

第十四章

彻底了解客户

了解客户的特征

如果你去看病，医生会检查你的生命体征，包括体温、血压、呼吸和脉搏。当你去参加客户会议时，你也需要了解客户的特征。比如说：

- 在接下来的 12 个月里，客户要完成多少交易？
  ◇ 不久的将来，有没有超大型交易（规模一定要大）？
- 对于该客户，你有哪些竞争者？
  ◇ 有哪些竞争者在为该客户服务？
  ◇ 这些竞争对手的实力与自己相当，还是更强？
  ◇ 这位客户的服务提供方有很多家吗？
  ◇ 你在这些围绕该客户的专业服务机构中，排名第几（比如说，五家公司里排名第五）？

你一定要搞清楚自己在客户心目中的位置，以及你的每位客户未来能产生的潜在收入。每天除去睡觉和吃饭等必要的时间，你还有很多剩余时间，把时间投入到可能产生最高收益的客户身上。另外，你的管理层也会问："你跟客户相处得如何？"你需要为客户设计战略远景，并且要讲究策略。

有些客户会采用循环模式（rotation philosophy）。他们会对有业务接触的投行进行周期性的项目奖励。我曾经犯过这样的错误：在第一周里，客户给了我们一个微不足道的债券交易共同经理人的项目。接下来的一周，客户就宣布了一项 500 亿美元的并购交易。

在消息公布后，我致电客户："嘿，这单并购交易的想法是我们提出来的。"客户说："你说的没错，但是我们上周把一单债券交易交给了贵公司。"如果我能够意识到客户采用的是循环模式，我很可能就会拒绝债券交易，而选择参与到并购交易中，毕竟并购的想法是我们最先提出的。

为了更多地、更好地了解客户，你最好在客户端有内线。内线可以提供有价值的洞察，特别是在客户关系如何向前迈进方面。内线能够帮助你了解客户遴选专业机构的方式，以及可能的业务进展机会。

如果说，你倾尽全力却还是失掉了业务竞标，若你跟客户的关系保持得不错，客户可能会对你没有拿到项目有一丝愧疚和怜悯。这时候，你一定要表现出强大的韧性，不要生气，也不要因为错过这单生意而沮丧。如果你知道客户的项目进展，你可以打出内疚牌，请求客户给你下一单的机会。不过要记住，内疚牌是有时限的，不要等太久才出牌。

如何得知你与客户的关系有了进展

成功的客户关系的标志是与客户建立递进式的、层层深入的连接。因此，你要周期性地评估：你的客户关系有多稳固？你的客户关系有没有继续深入？

最有效的客户覆盖方式是你所在的专业服务机构有多名人员跟客户的多名人员进行接触。理想状态是，你希望机构的高管能够加入客户关系团队，与客户端的高管和董事会进行互动。专业服务机构的初级人员需要积极地与客户端的初级人员互动，这是你识别客户内线和在他们职业生涯初期建立关系的良机。

主要目标是建立与客户的长期关系。既然如此，你怎么知道你与客户的关系有了进展呢？

◇ 如果你的客户跟你分享更多的保密信息，就是**好的**。

◇ 如果你的客户告诉你："我还没有跟其他的专业机构沟通过，希望听听你的想法。"这样**更好**。

◇ 如果你的客户告诉你："你的一位竞争对手有这个想法，而我想听听你的意见。"这就**太棒了**。

◇ 如果你的客户向你寻求个人帮助，比如说工作证明或者其他的不情之请，那简直**妙不可言**。这意味着忠诚。

◇ 如果你的客户邀请你和你的太太参加某社交互动，那你除了**开口大笑**还能做什么呢？这意味着你跟客户有共鸣和个人连接，私交甚密。

　　你需要定期与你所在专业机构的客户覆盖团队和客户团队进行对等的谈话。这样做的目的是为双方营造一种平等融洽的氛围。

　　在 6 个月后、12 个月后和 18 个月后，你都要客观地对客户关系进行评估。你在为客户做免费工作吗？你在为客户争取董事会席位吗？如果已经过去了 18 个月，你的客户做了七单业务，而你的公司只拿到最普通的一单，那你就需要跟客户进行业务接洽的对话了。

　　在这场对话中，你一定要保持冷静，特别是在未能进行某项交易的时候。这样的对话一定要提及过去双方为了今时今日的关系所付出的努力。在对话结束时，你一定要提到，你的公司在未来会有哪些提升，以及你期望从客户方得到哪些收获。

第十五章

公司战略怎样产生商业价值

────────

了解公司战略

制定和执行商业战略的能力是公司持续成功的必备能力。所有专业服务机构都有战略，怎样才能在机构内部做到优秀？你需要知道所在机构的战略及其对你、对客户的意义，你才能够做出成绩。

专业服务机构部署商业战略来推动收入增长、提升市场份额、提升效率、应对监管改革、管理风险、控制成本，以及维护或重构信任和信誉。这些战略通常会包含一些基本元素：做什么，怎么做，能为股东和员工赢得什么结果。专业服务机构的战略是动态的，需要不断地演变，因为竞争、监管、技术和市场在不断变化。因此，你需要对机构当下的战略了如指掌。

作为专业服务机构的员工，了解公司战略是工作的重要组成部分。

如果你在电梯里遇上了一位公司高管，如果他向你问起公司战略，不要大惊小怪。你甚至可以抓住机会，讨论战略要如何生效，或者你要如何做才能帮助战略执行。

当你与客户对话的时候，你也需要把所在机构的战略烂熟于心。**你的客户需要了解你所在的机构是把客户利益放在首位、把为客户服务作为公司战略的。**这就把公司战略跟商业影响力连接了起来。

连接公司战略与商业影响力

公司战略若能成功落地，可以提升公司的财务表现、任用和保留最优秀的人才，稳固公司文化和企业价值。如图 15 - 1 所示，成功执行公司战略能带来商业成绩，提升股东价值。把战略和执行结合是不容易的差事，但对商业结果至关重要。

如果你的公司建立了一套计划周全的战略，那你需要完成更多的项目来为客户提供优质服务。因此，公司的业绩得到提升，利润会增加。更多的利润意味着你的公司可以给员工提供更好的报酬。

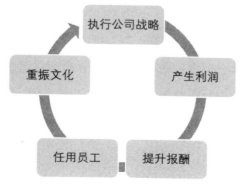

图 15 - 1　连接公司战略与商业影响力

如果你的团队能够贯彻公司的战略，公司利润上升了，团队报酬也很有竞争力，那你任用和保留员工的能力也随之提升了。人才是专业服务机构最宝贵的财产，任用人才对于公司长久成功是至关重要的。最后要注意的是，在执行公司战略时，对待客户和员工的方式需要与公司文化和企业价值保持一致。

理解和执行公司战略是获取商业成功的重要基石。

客户雇用了你的公司，也雇用了你

你所谓的优质品牌，最好能够体现出产品的差异化，不然就没人找你做生意了。

——沃伦·巴菲特（Warren Buffett），美国商业巨头

相对于其他竞争者而言，一家专业服务机构的品牌代表着客户认为机构在客户偏好和客户信任方面更有优势。某些情况下，品牌意味着品质、信誉和经验的保证。品牌是有价值的。很多公司把自己品牌的价值体现在了资产负债表上。

品牌是有价值的，因为品牌是差异化的重要体现。当客户想跟你的机构做生意时，你就知道公司的品牌是有效的。公司品牌的价值不仅仅是让公司能够与其他机构区分开来，公司品牌本身就是差异化的重要组成部分。如果你的公司并没有优质品牌，那么你的风险就是成为一位商品服务的提供商——这意味着你只能用价格参与竞争。

2008 年金融危机后，客户对专业服务机构的忠诚和信任受到了严

重打击。带来的结果是，银行、会计、法律和咨询公司都被要求降低费用，或者参与激烈的竞标以维持客户关系。强大的、有区分度的品牌在竞争白热化的商业环境中，有着巨大的价值。品牌可以树立和稳固商誉，让专业服务机构渡过难关。但是，亚瑟·杨（Arthur Young）、杜威与勒伯夫（Dewey and LeBouef）、雷曼兄弟（Lehman Brothers），还有贝尔·斯登（Bear Stearns）的品牌权益——这些显赫一时、不可一世的机构——也无法在名誉毁灭、缺乏现金流的情况下救公司于危难。

不过，纵使再强有力的品牌或声誉，也抵不过客户从服务提供方直接遭遇的负面经历。在和机构某位人士打交道的过程中，客户对机构产生了直观感受。所以，机构里的每一位内部人员都必须要清楚明白并能展现出公司的价值观。**在市场营销术语中，建立品牌的过程被称为构造（build）——来源于从地基上建造房屋。**构造品牌可能花费几年或者几十年的时光，但是你或者你的同事可能在朝夕之间，因为一个简单的行为就把数年心血的积累破坏了。记住，这种破坏还可能会伤害公司与关联方的关系，比如监管方、投资方和潜在的人才。

品牌是商业战略、领导力、企业文化和公司价值、历史和背景、客户感受、竞争形势，以及财务和战略持久性的综合。当今社会对差异化的需求比以往更甚了，专业服务机构常常会传递类似的品牌信息。最近，品牌研究机构 DeSantis Breindel 完成了有关品牌因素的调研，发现专业服务机构常用来描述品牌的词汇包括：

- 专注客户。
- 全球化。
- 服务。

- 关系。
- 信任。
- 经验。
- 结果导向。
- 品质。
- 正直。

这里面的大部分品牌因素对区分其他专业机构没有太多贡献。而且，对于没有把关注点放在客户需求上或者缺乏职业道德的机构，CEO或者CFO雇用它们的可能性也微乎其微。

咨询、银行、会计师和律师事务所认为，企业聘用的是机构，而不是团队。品牌是双重的，机构可以有成功的品牌，同时，个人员工或者高管也可以拥有他们的品牌、关系和声誉。因此，你需要思考你的个人品牌如何与公司品牌形成相互促进的关系。

事实上，潜在客户可能会遴选出数家机构，他们可以对团队的人员配置发表意见。服务购买方不希望看到一支平淡无奇的服务团队，他们希望服务团队是由特殊事务专家和行业专家共同组成的。客户不希望自己成为机构锻炼团队的试验田，他们希望此时此刻就有最优秀的人员加入团队，为自己服务。在项目启动前，客户也希望有曾接触的投行资深人员参与到项目中。

你一定要清楚地明白客户与你所在机构做生意的原因。这些客户是"你的客户"还是"你所在机构的客户"？当你递上名片或者撰写书面意见的时候，公司的标志或公司名一般都出现在显要位置。

检验你所在机构品牌影响力的重要方法就是你能否轻松地获得第一次会面机会。如果你是被引荐的，或者所在机构有很高的知名度，那么潜在客户一般会比较包容。

以信任为基础的客户关系

花了那么多时间与客户面对面地交流。你会很惊奇地发现，很多机构并没有仔细聆听客户。

——罗斯·佩罗特（Ross Perot），美国商业巨头

建立、增加、推广和重塑信任的能力，在我们这个世代，是专业服务和个人的核心竞争力。

—— 史蒂芬·M. R. 柯维（Stephen M. R. Covey），美国作家

在第九章，我们讨论过职业发展的成功法则（能力、机遇和勇气），对创建和维护客户关系来说，也有一个成功法则：**了解、欣赏和信任**。

这个过程包括：了解你的潜在客户；增加你被欣赏的因素；建立信任。要了解你的潜在客户，你需要与潜在客户面对面会谈。上一小节曾讨论过，若机构有强势的品牌，不仅能帮助你获得会面机会，更重要的是，还能在成功之路上大跃迁，特别是在**了解**和**信任**两个方面。

想要了解别人，最简单的方式就是仔细听对方说话，并在试图向对方推销前，寻找提升自我价值的方式。别人越**欣赏**你，就会越相信你。

你的目标是建立"问题专家与利益相关方"的关系，而不是买方和卖方的关系。一位来自全美大型律师事务所的合伙人曾和我一起为一个大型项目向客户提供咨询，律师告诉客户："你有一个大麻烦，但是，你还有朗德和我。"

专业服务人士常犯的一个毛病就是，直接跳到主题，而不是陪伴客户进行周密的推演，经历知道、欣赏和信任的三个环节。另一个错误是太咄咄逼人，让客户感觉你好像在卖产品而不是做值得信赖的顾问。客户越信任你，就会跟你分享越多个人的顾虑和需要。

需要说清楚的是，个人连接是万万不能替代卓越服务和工作成果的。卓越服务包括了解客户的公司、战略、竞争者和客户。你需要及时回复电话和邮件，有些银行家认为要先找到正确的答案，而我倾向于先及时回复邮件"正在核查"，再整理完整的答案。在建立客户关系方面，电话远胜于邮件，因为电话是实时的，有更多互动，更私密。

卓越服务的另一个标志是用下一步行动计划和时间表来总结会议。当你刚进入职场时，向高层询问最后期限是最佳的实践行动。在会议结束的时候，向客户询问项目的最后期限可以避免沮丧和混乱。

当你与客户会面并鼓励他们跟你说话时，只要说一些破冰的话，让对方感到舒坦，然后开口问问题就可以了。其他的时间，你就保持安静和倾听。理想的状态是，你也花很多时间进行观察。有时候，带一位同事共同参加客户会议会鼓舞人心。当你的同事说话时，你就观察屋子里每个人的反应。轻轻点头、眼珠打转或者深深地呼一口气都代表了不同的情绪反应——晚一些去问每个人的反馈，是有价值的。

我在一个伏案数月的项目上学会了赢取客户的信任，那是非常有价值的一堂课。那是两家大型铁路公司的合并项目，当时是我职业生涯中经历的最大交易案。我们的团队包括数位年轻的专业人员，一位非常资深的合伙人，还有我。

那个场景发生在纽约的一家酒店，我们预定了三个独立的小型会议室。第一个房间里是我们的客户 CEO 汤姆、摩根士丹利团队和客户的法律顾问；第二个房间作为双方的谈判室；第三个房间里是另一家铁路公司和他们的顾问。

虽然价格谈判已经来来回回数十日，但我们很清楚，接下来的这个晚上就是成败之刻。我们的分析指出，我们将向对方公司提出 34 美元每股的报价，即在对方公司当前股价基础上溢价 35%，该报价是非常优厚的。我们带着汤姆从战略好处、股东价值提升和其他财务数据方面逐个分析。汤姆告诉我们他已经得到了他需要的，然后就离开我们的房间去单独会见另一家铁路公司的 CEO。在差不多 15 分钟后，汤姆返回我们的房间告诉我们，他提出了每股 34 美元的报价，而对方 CEO 还价至每股 36 美元。汤姆问我们的资深合伙人，他应该怎么做。

我们告诉汤姆，摩根士丹利团队需要就目前的报价召开内部会议。我们认为，我们的客户正在接近估值的底线，我们的资深合伙人应该告诉汤姆，他需要准备好从交易中抽身而出。虽然我们也知道更容易的对话内容："当然，就是多了几美元而已。"最后，我们的资深合伙人回复汤姆，我们的综合建议是，因为对方报价太高，建议 CEO 放弃交易。

汤姆说："我就知道我能信任你们。你能够向董事会表示每股35美元的估值是公允估值吗?"所有的目光都集中在我身上。我把我的估值报告发给每个相关人士,报告显示我们认为的公允估值是每股37美元。汤姆感谢我们,并最后一次走进中间的小屋。几分钟后,他走了出来,告诉我们他敲定了交易,价格是每股34.5美元。

我们不仅仅是在那一晚代表了汤姆,在接下来的数年里,汤姆成为我们忠诚的客户——因为在那一晚,我们的资深合伙人告诉他,他应该放弃交易。汤姆知道他可以信任我们,因为我们把他的利益放在了我们的利益之前。也就是在那一晚,我学会了——了解、欣赏和信任是建立高品质、长期的客户关系的基石。

第三部分

做卓越的领导者

投行人生

投行人生

摩根士丹利副主席的 40 年职业洞见（珍藏版）

优秀的管理者就是优秀的领导者吗？你知道他们如何激励并任用员工吗？管理者计划、组织和协调；领导者则鼓舞和激励。

第十六章

善用人才和带领团队

你管理事；你带领人。

——葛丽丝·霍普（Grace Hoper），美国海军准将

本书的第二部分提供了覆盖客户，以及与客户建立信任的策略。作为专业服务机构的领导者，相对于覆盖客户，你在机构内部面对的则是另一番场景。在第三部分，我希望跟你分享一些我学到的有关领导力的功课。

我在威斯康星州长大，我的爷爷和外公是奶牛场的农夫。当你是一位农夫的时候，你管理的是一群牛或一块玉米地。农夫通过管理土地来赚钱。经营成功的奶牛场需要优化一切可利用的资源——土地、牲畜、劳动力和资本。换句话说，奶牛和农作物需要管理。你需要密切管理农庄，得到收成才能养家糊口。

商业进程发展得太快，爷爷辈经营农庄的方式也一去不复返，而专业服务机构与奶牛场又大不相同。今天，我们的员工在各自的专业领域有着专业的学历、经验和知识。在全球化、技术引导的复杂商业环境中，他们的工作靠的是他们的智力。

现代管理学之父彼得·德鲁克（Peter Drucker）最先提出了认可知识工作者的重要性。他预测，知识工作者能够改变商业社会的结构。与这些人共事的时候，"你不是在'管理'人"，德鲁克写道，"你的任务是领导人，目标是'充分发挥每个人特有的优点和知识⊖'"。

专业服务机构的员工需要被带领、被委用，而不是被管理。如果我们想要激励人，就必须给他们机会来成长、改变和创造。我们需要提供领导力，并明白优秀的领导者和优秀的管理者两者间的区别。

一位优秀的管理者是运营专家，有权力指挥一群人去完成任务和达成组织的目标。我去查看那些数百亿规模的建筑项目，能够找到很多卓越的项目经理人。他们组建团队、安排任务，并保证团队成员能够在截止期限内完工。这些人有着专业技术能力，能够在预算内按时保质完成项目。他们的关注点在于"此时此刻"。

但是，优秀的管理者就是优秀的领导者吗？你知道他们如何激励并任用员工吗？管理者计划、组织和协调；领导者则鼓舞和激励。

在专业服务机构里，找到优秀的领导者很难，因为这里是按个人业

⊖ 引自彼得·德鲁克于 2001 年出版的著作《21 世纪的管理挑战》（*Management Challenges for the 21st Century*）。

绩培养和奖励员工的。但是，如果你是一位拔尖的业绩贡献者，并不意味着你就是一名优秀的领导者。

这就是工作中的"彼得定律"（Peter Principle）。"彼得定律"是劳伦斯·J. 彼得（Laurence J. Peter）提出的管理理论，讲的是为某个职位选拔人才，是基于员工在目前职位上的表现进行筛选，而不是判断他们的能力能否匹配接下来的职位。[○]"彼得定律"指出，员工能得到晋升是因为他们在目前的岗位上游刃有余，但是一旦这份差事变得更有挑战，他们就会因为表现不佳而无法得到更高的职位。换句话说，员工上升至他们能力不及的级别就会停滞。用极端些的讲法，这意味着公司里的所有领导岗位都是由一群缺乏竞争力的人担任，即使他们也是重要的产出者。故此，筛选潜在的领导者更多是要考察他的人际能力，而不是专业或者技术能力。

那么，受客户青睐和受员工拥护之间的区别是什么呢？你需要学习放权，而不是微观地管理团队。日常事务型的领导，能够带领团队管理好客户关系，对团队的日常事务肩负责任，并为团队争取客户。作为更高阶的领导，你的责任变成了保护和支持团队，而不是阻碍团队前进。

很多高管是经过多年的辛勤耕耘，才慢慢升职到更高的管理岗位，但也只有一小撮人能够走到公司的最高位置。由马歇尔·戈德史密斯（Marshall Goldsmith）和马克·莱特尔（Mark Reiter）撰写的畅销书《习惯力》里，讨论了如何进行自我转型；对于阻碍继续前进的坏习惯，该书也给出了有针对性的指导和建议。

○　引自劳伦斯·J. 彼得于 1972 年出版的《彼得定律》。

是什么能让你攀登至专业服务机构的最高位置？就如我们之前所言，大部分专业服务机构按照层级发表了业绩评估标准。专业服务机构对副总裁以上级别和对经理级别的人会有不同的业绩评估标准，不同级别的评估标准不尽相同是有原因的。

随着你在机构里越做越资深，你需要从覆盖客户的个人贡献者变成团队带领者。随着你的领导职责越来越重，我不建议你靠自己做完所有的客户工作。专业服务需要的技能太过专业化，解决的问题太过复杂，面临的场景过于全球化。要理解不同行业的细微之处实在是太困难。比如，如果你是一位面向交通行业的投行家，你不可能同时是铁路方面和航空方面的专家。如果你面向的是医疗健康行业，你不可能同时是制药行业和医疗服务行业的专家。

要同时对法兰克福和香港市场的变化了若指掌，实在是不太可能，除非有一支行业领先的全球化团队在你身旁。今天，你需要有太多不同领域和不同产品的专家来支持你的客户覆盖率。为了成为高效的领导者，你需要建立由行业和产品专家组成的全球化团队，其中每位成员都能从不同角度支持你和你的客户。

三顶帽子

当你尝试去领导团队的时候，若你环顾四周，没有人在你身旁，真是再可怕不过了。

——富兰克林·D. 罗斯福（Franklin D. Roosevelt），美国前总统

每一天，当你开始工作，你都戴了三顶帽子：你需要完成日常的工

作职责；你需要管理；你还需要带领团队。

命令和控制在军队里有很好的应用。当我还在海军的时候，指挥官和指挥系统是由法规清楚规定的。你知道谁有权去命令不同级别的人来完成一项任务或目标。作为一位年轻的海军军官，我记得军舰上的所有职位，包括上将司令、副司令、少将、准将、舰长和指挥官。命令和控制在高度结构化的组织中给出清晰的任务，是非常有效的。

但是，私营组织的工作方式发生了转变。工作中，我们会接触到好几代人。工作人员的背景日益多元化，期望发生了变化。结果是，你必须学习什么时候戴三顶帽子中的哪一顶：

1. 你有一份日常的工作。在日常工作中，你执行公司的战略，从事商业活动，将关系转化为收入。在本书的第二部分，我们探讨了了解公司战略对你和你的团队的重要性。你还需要建立客户关系，并将这些客户关系转化为公司的收入。

2. 你有一份管理的工作。作为经理，你需要计划、组织和协调手里的任务。你的管理工作是"此时此刻"的。你通过分配任务、建立工作步骤和任务时间表来计划工作，通过调配资源来完成任务。对于财务和商业目标，你要计划预算和整理报告。你要对你的团队成员负责，给出团队成员的业绩评估。

3. 你有一份领导的工作。作为领导，你要为明天的业务工作指出清楚的方向。沟通能力是领导能力的重要指针。你与下属沟通公司战略，使团队每位成员都铭记于心。你运用自己的经验和沟通技巧，让复杂的问题、冲突、产品和战略通俗易懂。你与他人结盟来创造成功的条件。你是其他人的行为模范，你激励和鼓舞个人和团队，鼓励人们去挑战复杂的项目和正视职业的困境，并鼓励人们去承担可预计的职业风险。

作为一名领导者，你通过了解每个人的技巧和能力，鼓励人们发挥潜力，把他们最好的一面激发出来。我的一位挚友的口头禅是："领导力最好的考验就是跟随。"跟随是领导能力在实践中的标尺。

一位出色的领导者会意识到，团队成员是出于不同的原因成为跟随者。有些团队成员听指挥，因为你是领导。而其他人跟随你，是因为你的能力和你已经取得的成就。还有些人会跟随你，是因为你为他们个人或者为公司能够或已经做成的事情。

正直、清晰的沟通，积极向上的态度，是获得跟随者的重要因素。团队成员一直都在观察领导们是如何自我管理的，是支持还是批评高管团队，是如何平衡工作和生活的。行胜于言，以实际行动来领导，远比口舌上的功夫更强有力。

懂得鼓舞人心的领导者，会使用有效的沟通来识别和描述一项重要的任务或目标（比如市场份额、大型交易、提升品质等）。沟通的目的是通过清楚地描述一个目标，把团队从目前所在的处境中拉出来。对此，领导者应该有相应的计划，应该在一开始就把里程表和时间期限清楚地告诉团队，这样一来，团队成员就能知道领导对自己的期待，以及在取得相应进展之后领导进一步的想法。计划的执行靠的是团队上下都负起责任。领导者在解释计划的时候，用词要清晰易懂，要能振奋人心。我发现，如果你在阐明你的需求时，把观点和背景也告诉对方，对方就会做出更好的选择。当计划改变或有了新的突破，领导者需要对团队进行周期性的信息更新。

对于领导者发现才干的眼光和发展成员的意愿，团队成员一直在密切观察着。我自己选择团队成员的偏好是：积极的态度比经验更重要。相比克服团队中"老司机"的愤世嫉俗而言，我更擅长指导和锻炼朝气蓬勃的年轻人。

这三个角色（日常工作、管理和领导）都是独特的，每一个角色都需要不同的思维方式。你必须理解这些角色背后的特质，从而决定哪个角色更适合当下的情况。如果需要，切换成不同的角色。这需要自我意识，并且要不断锻炼，但这些技巧是很值得花时间培养的。

团队建设的 3C

相聚在一起是开始；团结在一起是进步；工作在一起是成功。

——亨利·福特（Henry Ford），美国企业家

当你戴着团队领导的帽子时，是怎么考虑打造合适的团队这项任务的呢？为了成为一名卓有成效的领导，你需要打造合适的团队。我将团队建设用三个 C 来表述：构成（composition）、合拍（chemistry）和持续性（continuity）。

首先，我们聊聊**构成**。你一定不希望团队成员都有同样的技能，即便是非常重要的技能。比如，如果你要组织一支棒球队，你并不希望所有人都是游击手，你需要棒球队里有适合不同位置的人才。你希望人们有不同的技巧、特长和经验。最好的领导者对每位团队成员的

弱点都很清楚，所以他们希望团队成员的能力互补。如果你想赢，你需要有一支多元化的团队，成员的各项技能、特长和经验能够保证任务顺利完成。

其次要考虑的因素是**合拍**，也就是团队成员的关系。一支团队的成员能够合拍，意味着在有限的冲突下，大家能够彼此契合、共同协作，从而取得出色的成绩。合拍的团队倾向于高质高效地完成任务，因为团队花了较少的时间处理意见不一致，而将更多的时间放在解决问题上。在合拍的团队里，所有成员众志成城，一心想着集体的成功，而不是个人的目标。随着专业服务机构越来越多地依靠各方协作，团队领导需要花时间了解团队成员是否合拍。合拍，就像企业文化，跟团队领导有极大的关系。团队成员对待彼此的方式取决于领导者如何对待他们。

有时候，领导者需要正视问题成员和他们带来的伤害性行为。如果领导者选择不管不问，这种消极对应的方式就会像病毒一样迅速传播。我看到过心怀报复的、自私的、消极的团队成员引发了团队士气低下、客户不满意甚至导致其他员工离职。处理问题员工对我来说很艰难，所以我会选择在招聘流程中就仔细甄别，第一时间就避免后患。如果出现了问题，我的方法是跟他们私下就具体的破坏行为进行沟通，如果需要，向经理、导师甚至人力资源部门寻求帮助。

最后是**持续性**。在专业服务领域，客户很讨厌服务团队出现人员流动。成员经过长时间磨合会越来越默契，团队的整体产出也越来越高效。团队的持续性有利于营造更好的工作氛围。团队成员之间互相理解并彼此信赖，合在一起就好像拧成的一股绳。在工作中，怀抱着为客户争取更大利益的初衷，团队成员彼此协作，委身于项目，为客户倾力投入。

在专业服务领域，团队的不持续性会给团队和客户带来负面影响。第一，若某人选择离职，团队的士气、活力和生产力会受到相应打击。第二，不连续的团队会让客户感觉不舒服，因为成员的离职也意味着客户的保密信息会被带走。第三，离职的成员很可能去了竞争对手方，使现有团队感受到敌意和压力。优秀的团队领导者需要对团队管理的3C，即构成、合拍和持续性，进行实时观察。

筛选团队候选成员

生命太短暂，不能浪费在与没有资源之人的闲扯上。

——杰夫·贝佐斯（Jeff Bezos），美国科技领域企业家和投资人

建立靠谱团队的第一步，是根据你需要的团队特质筛选团队的候选成员。有些团队领导问不出合适的面试问题，或者对于候选人的信息调查得不够仔细。这些团队领导在面试时通常会问：

- 你最大的软肋是什么？
- 你是怎么描述自己的？
- 我们为什么要雇用你？
- 你为什么想在这里工作？

我的面试策略则不太一样，并且在过去的40余年里屡试不爽。我问的问题帮助我辨别该申请者是否具备组建有效团队所必需的特质。在

面试候选人的过程中，我常常会问他们曾参与的团队运动和工作经验。

首先，我会询问候选人他们团队运动的经历，包括棒球、陆上曲棍球、长曲棍球和垒球。如果这位候选人没有玩过团队运动，我会问他其他的社团活动经历，包括学生会、辩论队、话剧社或乐团等。我发现这些团队经历会带出与工作场合有关的重要价值观，包括团队协作、时间管理、共同目标、在压力下做决策和领导力等。

其次，我会问候选人的工作经验。我在 12 岁到 22 岁之间，从兼职工作中收获良多。在那段时间，我曾做过报纸递送员和销售员、杂货店的货架仓库员、军队邮局的厕所清洁工和床铺管理员、夜总会 DJ、电台播放员、工厂看门人、工厂化学师和腌菜厂的黄瓜罐头工人。这些入门级的工作，让我学会谦卑，并对为获取成功而付出的辛勤体力劳作有着很深的感受。就是这些工作经历让我加倍努力学习，获得了高等学位，并因为名校的学历背景得以进入投资银行业。

在面试过程中，我会问面试者是否在高中或者大学做过兼职工作。边学习边打工意味着候选人是勤勉之人，有着较强的个人责任感。在高中或者大学有过工作经验的人，会有较强的时间管理能力，因为他们需要平衡工作和学习。他们在工作中积累了宝贵的经验，包括按时报到、按规矩办事等。另外，勤工俭学的年轻人也有机会锻炼财务管理的能力。对年轻人而言，从第三方得到的报酬远胜从父母手里得来的补助。工作还能够为更高学历的申请提供证明。

根据我的判断，暑期工作的经历展示了面试者的重要特质，并教给他们在课堂内学不到的重要技巧和功课。这些技巧包括：

- 找工作。
- 面试。
- 与老板相处。
- 面对客户和同事。
- 建立自信。

我设计的面试问题是为了分辨候选人是否虚有其表、迟钝悲观或者骄傲自满。我发现，最优秀的团队成员能够为了共同的目标一起协作，是可信赖的、足智多谋的。而且，如果需要的话，他们愿意为了完成任务而倾尽全力。

总结下来，我觉得足智多谋是以雄心壮志为基础的。志向能够帮助人们积极面对人生的挑战，坚持而不放弃，并且在困难或不确定面前能够另辟蹊径，找出获胜之道。

这里，我想分享一个我自己的例子。29 岁的时候，我被安排到美国一家特大工业企业融资项目上。那时，该项目是历史上规模最大的可转换债发行。我们安排路演行程，请客户公司的高管在美国和欧洲与大型机构投资者会面。我非常激动，为了商务旅行，还购置了一双新鞋。

为了布置现场，我的老板和我陪同客户高管，搭乘客户的湾流私人飞机从纽约飞往休斯敦。飞机降落在休斯敦，我往窗外眺望，看到黑压压的风暴压过来，平生未见。我们降落的时间是下午 3:15；刚坐上豪华轿车后，瓢泼大雨倾泄而下。

我们原计划下午 5:00 到达休斯敦市区的酒店会场，迎接投资者。

从机场开车到市区一般会用半个小时的时间。但是到了那天下午4:30，高速公路上车速缓慢，而我们还有一半的路程。我们的内心非常焦躁，如果我们迟到，投资者可能会打道回府，这次旅程就变成了浪费时间。司机打开了收音机，当地电台正在播报洪水冲进休斯敦地铁的新闻。播报员说，大水已经把街道、高速公路的地下通道都淹没了，造成了严重的交通堵塞及漏电和通话掉线等问题（那时候还不存在手机）。播报员接着说，居民们还要当心被迫出窝、四处乱窜的毒蛇。

我的老板看到50码（45.72米）外有加油站，加油站有付费电话亭。他让我赶快跑过去，打电话给酒店。我跳下轿车，才发现水已经有12英寸（0.3米）深了。当时的第一反应是我那新买的鞋啊，泡汤了。我的第二意识是小心毒蛇！于是我用上了吃奶的力气飞奔50码。

当我到达加油站的时候，已经有五个人正在排队等着用付费电话。我问为什么没有人用旁边的两台电话机，结果被告知这个地区的通信设备已经乱套了，而那两台电话机已经瘫痪。看着唯一还在工作的那台电话机，我实在是急不可耐。我走到队伍前面，塞给队伍中的每个人五美元，期望能够插队。五个人中有四位欣然接受了，我很快拿起电话，打给酒店前台。我告诉前台工作人员，开放吧台，提供免费的饮料，为投资者提供开胃小食，要求对方尽一切努力留住会众，直至我们到达。

挂掉电话后，我很快涉水回到汽车里。终于，在下午5:25，我们到达酒店。看着周围挤满了笑呵呵的投资者，客户告诉我的老板："朗德拯救了这一天！"我的老板很开心，我自己也大大舒了一口气。

在我心中，足智多谋是员工最重要的素质。

第十七章

人才之战

————

在 20 世纪 90 年代末期，麦肯锡就发出警示，人才之战即将到来。麦肯锡重点提到即将面临的人才短缺，并鼓励公司优化人才战略，包括招聘、保留和发展核心员工。

今天，人才短缺的现象依然存在。我发现大多数专业服务机构的 CEO 在委用和保留最优秀人才方面都心怀顾虑。

如果你是一位 CEO，而我是你的战略咨询顾问，那么我会问你的头三个问题是：

- 你在财务上有限制吗？
- 你在机遇上有限制吗？
- 你在人才上有限制吗？

在 2008 年金融危机前后，大多数专业服务机构的 CEO 在面对以上问题时，通常会回复在财务上有限制，但事到如今，他们的答案则是在人才方面出现了窘境。在经济全球化愈演愈烈的情况下，CEO 们普遍认为委用和保留最优秀的人才越来越重要。

短缺的不仅仅是人才，而是合适的人才。合适的人才要有正确的心态、优秀的社交能力，能建立以信任为基础的客户关系，重视团队协作，有着开放式的眼光，能够领导人，认可并行使机构的战略和文化，做出商业成绩。

专业服务机构怎样才能在新的人才战争中胜出呢？领导者需要认真思考人才战略，专注于全面的人才方案，包括招聘、任用、保留、流动和多样化。

招聘 顶尖机构对候选人的选择范围更大，因为他们有着更强大的雇主品牌。雇主品牌描述了机构对外的声誉，相对于普通的公司品牌，特指作为雇主和工作场合的市场声誉。要树立雇主声誉实属不易，除了财务表现，机构的招聘能力直接与机构任用和保留人才的战略相关。候选人更看中现雇员和前雇员在社交媒体上对机构的评价，而非招聘广告的叙述。

任用 领导者明白，若是员工任用得当，公司在创新、工作效率和人才保留方面都会有出色表现。员工任用得当的机构，能够把机构的商业目标、公司战略通过各种途径与员工进行充分交流。员工的绩效指标需要跟商业目标和战略相匹配。鼓励员工独立工作，并创造性地解决问题，能够提高员工任用的效果。奖励表现优异、有担当的员工，也能巩固员工任用的成绩。

保留　员工流动的代价是昂贵的，对公司士气和招聘有负面影响。一般而言，相比新聘用的员工，态度积极正面的老员工的工作效率更高、创造的价值更多。保留员工的战略是指在维持工作业绩和生产力的同时，保留机构的核心员工。很多雇主认为，保留员工的主要手段是薪酬，但是真正让员工留任的驱动力，是让员工感到成功、安全和被尊重的公司行为和公司态度。员工希望自己能在公司取得成功，并用他们的才干和能力为公司做出贡献。对此，员工抱有极高的期望。所以，与员工保持沟通，并向他们确认他们对机构的付出有着积极的影响，是非常重要的。如果你向员工展示了忠诚，他们会投桃报李，以更多的付出和忠诚回报机构。

流动　雇主需要在公司内提供内部流动和职业晋升的通道。内部流动是发展和运送人才、帮助员工完成角色转变的内部动态过程。为了完成内部流动，机构需要对所有级别的人员制订计划和规则。机构需要与员工就自身的技能和潜力进行开诚布公的探讨，开启内部职位的申请通道。

多样化　吸引、保留和发展不同背景的员工对鼓励创新、驱动增长和在市场中保持竞争优势至关重要。在本书的前面，我曾讨论过，根据我的经验，团队每次都会战胜个人。相比少数精英，团队通常会提出更有效的建议。团队由不同的成员构成，他们各自有着不同的经验、不同的角度和不同的技能，总能给出更好的方案。将不同背景的团队成员有效融合是商业制胜的关键。

青年人的职场诉求 3M

德勤的千禧调研对职业青年的需求和愿望进行了归纳，总结成了三个以 M 开头的词：精英管理（meritocracy）、导师制（mentorship）和意义（meaning）、如图 17 - 1 所示。现代领导者们对青年人的需求要足够敏感，并调整个人的领导风格，以求引进、发展和保留这个年龄段的青年才干。

精英管理　导师制　意义

图 17 - 1　人才之战

精英管理　"千禧一代"[一]青睐的团队和机构，一定要认可和奖励他们的技能和贡献。职场青年希望他们的想法被聆听，即便他们资历不够。他们希望被公正地对待，以客观、透明的业绩标准来衡量他们的贡献，而不是毕业于哪所学校或者家庭背景。为了更好地任用和激励这个群体，领导者在替这些年轻人考虑新的职业晋升通道时，必须展现客观和公正。

导师制　新一代的年轻人，特别是"千禧一代"，容易被持续的正反馈所鼓舞，喜欢接受周期性的指导和教导。这些职场青年对参与逆向

[一]　国际上有一个专门的代际术语"千禧一代"（1983—2000 年出生），英文是 Millennials，同义词是"Y 一代"，是指出生于 20 世纪，在跨入 21 世纪以后达到成年年龄的一代人。这代人的成长时期几乎和互联网/计算机科学的形成与高速发展时期相吻合。中国的 80 后、90 后与文中"千禧一代"的特质类似。——译者注

辅导充满了期待。他们喜欢通过展示自己的技术才干，帮助老板和团队提升工作效率，比如教会老板使用最新的软件和技术。

意义 德勤的报告表明，职业青年对工作意义的追求满怀热忱。在他们眼里，工作不仅仅是为了谋生，还是为了存在。他们渴望知道某件任务背后的目的。他们希望与同事们有更深的连接，就好像公司是他们的第二个家。他们对待工作和公司的热情，就好像是为了改变社会一样，追求创造和变革。

很多职业青年问自己："我为什么在这里，我为什么要留下来?"最有效的领导者会通过聆听和变通，向年轻人表示尊重，并赋予一定的自主权，从而帮助他们寻找相应的答案。

对职场的 3D 变化保持敏感

今天的领导者在处理人才相关的复杂问题时，要展示出足够的技巧和适应性：

职场的人口变化（**Demographic turnover and variations in the workforce**） 今天的职场是由几代人共同组成的，如千禧一代、X 一代⊖和婴儿潮一代⊜。不同年代的人在价值观、沟通方式和工作习惯上都

⊖ X 一代指 20 世纪 60 年代到 70 年代初出生的美国人，这批人身上有着不同程度的不负责任、冷漠和物质主义等特点。这个词是在加拿大作家道格拉斯·库普朗 1991 年出版的名为《X 一代》的书中出现之后流行起来的。——译者注
⊜ 婴儿潮（baby boom）主要是指美国第二次世界大战后的"4664"现象：从 1946 年至 1964 年，这 18 年婴儿潮的出生人口高达 7 800 万。——译者注

不尽相同。婴儿潮年代的人会把专注点放在一家公司，从职业的起点到退休。而科技年代的职场青年更喜欢在职业生涯中加入多家公司。青年人希望参与创造，而不是作为命令—控制链的一环。另外，青年人理解工作的目的，明白目前的工作在大背景下的意义是工作满意度的重要条件。领导者需要根据每个员工的特质，提供与其匹配的工作任务和机会。这需要领导者对每个员工的需要、偏好和工作方式有所了解。

数字和移动（**Digital and mobile**） 数字革命改变了工作的方式。科技实现了远程工作和实时工作，方便了有效沟通和快速决策。社交媒体把员工、企业客户和个人顾客连接在一起。为了迎接当今数字和移动社会的挑战，领导者需要有开放的心态，拥抱新的科学技术，以便提升团队工作效率和改善沟通协作方式。

多元化的市场和文化（**Different markets and cultures**） 随着全球化的加速，不同商业市场间的联系变得越来越紧密。在新兴的商业市场，比如中国和印度，语言、习俗和决策机制与西方国家截然不同。文化潜移默化地影响着人们的思维、沟通和行为方式。理解文化差异，克服语言障碍，是跟不同文化背景的人打交道的关键。要理解不同文化下的沟通、习俗和行为举止的差异。

文化也会影响不同商业伙伴的交易方式和谈判风格。盖尔·科顿（Gayle Cotton）在 2013 年出版的著作《对任何人说任何话：跨文化沟通的五把钥匙》⊖里，对跨文化交流中如何避免误会和冲突给出了重要指导：

⊖ 盖尔·科顿于 2013 年出版了著作《对任何人说任何话：跨文化沟通的五把钥匙》（*Say Anything to Anyone, Anywhere：5 Keys to Successful Cross-Cultural Communication*）。

1．进行积极主动的跨文化沟通。在人际交往、电话和邮件沟通中，你应该积极主动而非消极被动。

2．待人以诚来填补文化差异。在结识新交时，你要待人以诚，通过建立信任关系来填补文化差异。

3．组织有效的互动。在组织多文化交流时，你要了解不同文化的敏感度以避免冲突。比如，理解不同文化对时间的差异和态度。

4．追求建立稳固关系的策略。你要了解文化信条、价值和规则，以便建立稳固的关系。

5．认识到成功是有迹可循的。你要明白多文化商业环境和社交互动中的礼节。

价值和文化

信不足焉，有不信焉。悠兮其贵言。功成事遂，百姓皆谓我自然。

—— 老子

每个组织的企业文化都是与众不同的，也是最难改变的。企业文化树立和证实了机构在专业和社会环境中的价值观。企业文化难以言表，却又随着时间不断演变。在查尔斯·埃利斯（Charles Ellis）的著作《倾尽全力：最伟大的专业机构的七个成功秘诀》[一]中，查尔斯解释到，企业的文化，比如创新和追求卓越，对组织成功有着深远影响。

企业文化是你所在机构成功的重要因素。如果你立志成为公司的领导者，就需要理解你所在机构的企业文化。

[一]　查尔斯·埃利斯于 2013 年撰写了《倾尽全力：最伟大的专业机构的七个成功秘诀》（*What It Takes：Seven Secrets of Success from the World's Greatest Professional Firms*）。

企业文化通过以下方面显示其价值：

- 公司如何对待客户、员工和其他利益相关方。
- 决策机制，包括达成共识的作用。
- 信息和影响力是如何传递的。
- 在追求公司战略和目标时，员工在谨慎维护职业道德和合规上的积极态度。

摩根士丹利的企业文化包括客户第一、正直和分享。你要明白，企业文化和价值是战略性和商业化的。事实上，贝恩咨询（Bain & Company）近期对商业领袖的一份调查中发现，企业文化与公司战略同样重要。

机构的特质和企业文化大部分是由公司高管的刻意行为决定的。在专业服务机构，公司高管就是其他人的行为模范，因为他们的行为带有组织赋予的权力及分量。这些领导者刻意地通过自己的一言一行来树立公司的行事典范和提升员工的士气，因为他们就代表了公司的文化，而人们都希望跟他们保持一致。有时候，随着职位的晋升，人容易变得独裁和顽固不化。在这种不被鼓励的氛围下，公司士气和关系维护就会受到打击。领导者们不能忽视社交媒体对公司公众形象的影响，特别是在招聘和保留员工方面。

一旦公司建立起协作和互助的企业文化，在招聘时，要确认新加入的员工是企业文化的拥护者。团队成员是通过行为、委身、赞誉和奖励等方面来认识和理解企业文化的。

第十八章

卓越领导力的重要性

───────

赫茨伯格的保健—激励理论

在 20 世纪 50 年代和 60 年代，心理学家弗雷德里克·赫茨伯格（Friderick Herzberg）通过对员工的访谈，探究员工想要从工作中获得什么，试图厘清员工满意度的概念。他让受访者对工作感觉极好和极差的两种情形进行描述。

这些结果以赫茨伯格的"保健—激励理论"（也称"赫茨伯格的双因子理论"）闻名于世。赫茨伯格的研究表明，一些特定的职业因子与工作满意度有关，同时，另外一些因子则与工作不满意的程度有关（见表 18－1）。

表 18 - 1　赫茨伯格的满意因子和不满意因子

满意因子	不满意因子
成就	公司政策
认可	管理权威
工作本身	与上级和同事的关系
责任	工作环境
晋升	薪酬
增长	现状
	安全

资料来源：弗雷德里克·赫茨伯格于 2003 年 1 月发表在《哈佛商业评论》（*Harvard Business Review*）的文章《再想一次：你如何激励员工？》。

　　与工作不满意度相关的不满意因子被称为"保健因子"。当上述这些因子被充分满足时，员工不会（对工作）感到不满意。（注意上述行文的双重否定：不会不满意。）赫茨伯格解构了薪资待遇（金钱、收入等）这个因子，并认为：和其他的主要因子相比，例如成就感和认同感，金钱在工作满意度方面并不能达到同样的效果。

　　如果你希望激励或奖励你的团队，就应该聚焦于成就感、认可度和责任感等能够增强工作幸福感的诸多满意因子。在了解赫茨伯格的"保健—激励理论"后，你可以对目前的职业进行评估。知道谁对你的成就感、认可度和责任感影响最大吗？你的顶头上司！

　　对于赫茨伯格的"保健—激励理论"，还有另外一种方法来研究表中所示的两栏。赫茨伯格说："工作满意的员工面对的是关于工作本身的因子，然而，工作不满意的员工面对的是定义工作内容的因子。"工作满意因子是员工的顶头上司创造的，所以它们是"微观"因子。那些微观因子是表 18 - 1 中靠左的一列。工作不满意因子基本是由公司自上而下产生的或者是由高管导致的，所以它们是"宏观"因子。微观因子会让你在工作中更投入，并给你的工作带来提升。

团队不会忘记当初你是如何对他们的

对下属所做的每项工作表示感谢。刻意挑选的、时间恰好的真诚赞美，寥寥数词，却无法替代。这些虽是免费的，但却非常值得。

——山姆·沃尔顿（Sam Walton），美国商人、企业家

如果你按照他的现状对待他，他就会继续保持现状。如果你按照他应得的、配得上的方式对待他，他就会成为他应该成为的、能够成为的形象。

——约翰·沃尔夫冈·冯·歌德（Johann Wolfgang von Goethe），

德国作家

若你尝试成为一名杰出的老板，你必须说服那些为你工作、与你共事的员工，让他们对你产生信心，包括相信你的为人。一个团队会忘记老板说过的话，也会忘记老板做过的事，但永远不会忘记当初老板是如何对待他们的。

当年，我能负担的上大学的唯一方式，就是通过美国预备役军官训练营（ROTC）。作为学院里的年轻学生，我上过一门叫作"海军领导力"的课程。在课程第一天，中尉指挥官到教室里训话："这整门课你只需记得一件事情，那就是记得在公开场合要表扬，私下里再批评。"我本认为，只有在海军里，在以命令—控制为管理方式的地方，这句话适用，但在专业服务机构里就不适用了。当我初入摩根士丹利时，一个非常资深的前辈正负责投行业务。有一天，这位前辈走到我的办公区域，在所

有人面前，他说："嗨，朗德，你在这个项目上的工作非常棒。"被如此表扬，我之前从未料想过，他还在其他同事面前拍了拍我的后背，这足以让我为他继续奔跑一万英里了。我突然意识到，海军领导力课程上那位中尉指挥官告诉我的那句话，同样适用于摩根士丹利："在公开场合要表扬，私下里再批评。"

在对团队的激励和委任方面，很关键的一点是领导者给予及时的评价或者反馈。反馈是必需的，如果能做到得体又专业，那么反馈就会起到建设性的作用。

若你的老板是个一以贯之的人，你会记住他为人处世的方式和领导的风格，以此作为你工作的准则。比如，他重视并认可你的付出，他希望你奋勇争先，他像教练一样耐心地指导你。老板一以贯之的态度和支持下属的行为，会驱散团队成员的不安全感，成为团队的精神力量。

如果你感受到老板真的在背后支持你，你是不会忘记这一点的。以我的经验来看，一名优秀的领导者会在团队中创造出一种积极向上、互相扶持的氛围。

积极领导力的重要性

从来没有一个悲观者发现过宇宙的奥秘，航行至未知的土地，或为人类的心灵开辟出一片新的视野。

——海伦·凯勒（Helen Keller），美国作家、政治活动家、演说家

悲观主义者在机会中看到困难，乐观主义者在困难中看到机会。

——温斯顿·丘吉尔（Winston Churchill），英国前首相

　　成为高效能领导者的另一个重要因子是时时表达乐观情绪。在《领导力优势》（*The Leadership Advantage*）一书中，沃伦·本尼斯（Warren Bennis）写到，乐观是人们最需要从领袖那里支取的能力之一。每一位"我遇到的楷模般的领导"，本尼斯写道，"都有看起来似乎不合常理的乐观精神——这给他们带来积极的结果和承诺，这对于完成目标是必需的。你身上的乐观主义将为你的团队带来鼓励，增强他们的认同感，并给予他们为完成目标所需要的信念。"

　　高效能的领导者可以对他们的拥趸产生扭曲力场般的影响，这种能力让整个团队相信他们可以实现超出预期的业绩。除了能够清楚地认识现状外，这些领导者们还能为他们的拥趸描绘一幅气势磅礴的马到功成图。

　　自然地，人们会推举那些乐观主义者成为领导者。人们希望领导者能够直面眼前的险阻、分析利弊并找到解决方法，带领大家渡过难关。乐观主义者事先拟定解决方案，但绝不停止分析判断，为了成功达到目标，他们乐意摸着石头过河和小步快跑。在乔治·巴顿（George Patton）将军指挥的军事战役中，这种务实战术被称为"绕过、穿过"，意思是不要为了战胜每个艰难险阻和困难而影响大局。

　　诺贝尔经济学奖获得者丹尼尔·卡尼曼（Daniel Kahneman）在他的著作《思考，快与慢》（*Thinking, Fast and Slow*）中阐述了他对乐观主义者带领他人攻坚克难的特殊能力的研究。他说，乐观主义者们面对失败的适应能力、调整能力和韧性使得他们区别于常人而更为成功。

　　领导者身上的乐观主义精神会感染他人。领导者的行动和态度会影响他们身边的人，尤其是他们的拥趸们。你的团队会明白：无论事情看起来多糟，你也能化腐朽为神奇。有好几次我曾被要求重振我的团队。我的套路总是让他们先聚焦那些可控的因素，并且给他们指出几个具体的积极面，让团队士气振作起来。接下来，我会发表一些令人信服的内容和观点，以展示在过去一段时间里我们曾战胜的巨大困难。我会说服大家，我们一定会平安渡过正在经历的外部困难。最后，我会说我始终相信公司的战略、相对的竞争优势和优秀的员工素质。我从大家那里得到的反馈是，我的权威演讲足够有说服力，起到了卓越的成效。为了发挥潜力，冲锋陷阵，你的团队需要乐观的士气和鼓励的话语，因此，你需要准备动员鼓劲的演讲。

领导者的定义

领导者是经营希望的商人。

—— 拿破仑·波拿巴（Napoleon Bonaparte），
法国政治家和军事家

如果你是领导者，你的团队需要从你这里获得什么呢？他们需要你提供三“P”：指标（parameters）、成长（progress）和提拔（promotion）。一位卓有成效的领导者会给每一位团队成员上述的三“P”，如图 18 – 1 所示。

图 18 – 1　三“P”

指标

每个员工都需要清楚地了解他们工作的职责。当人们从事一个新职业或到新职位的时候，他们希望能够知晓"领导对我的期望是怎样的"。倒不一定是一份书面的职位介绍，他们需要知道的是领导和团队的期望，是关于职责的定义或限定。他们需要理解："这是我的工作，这是我需要专注的内容。"团队成员必须搞清楚他们的职责所在、团队对他们的期望，以及如何衡量他们的工作成果。

成长

团队成员需要在工作中不断成长。他们需要与你并肩工作，他们需要你给他们支持、机会、培训和经验分享，如此才能持续提升工作能力。他们希望承担更多的责任，获取更多的经验。他们需要进步和提升的机会。一位成效卓越的领导者会尊重每一位团队成员，并当他们在新工作中取得成绩时，表现出由衷的关心。

因为你的下属们聚焦于他们工作的指标，你应该找出帮助他们扩展能力并激发他们继续进步的机会。一位理想的领导者会帮助每一位团队成员制定他们的职业发展计划，并为他们提供持续进步的机会。这些新的机会可以提升所有团队成员的信心和能力。

新机会可以是：更多接触客户的机会，某项工作中更重要的责任，甚至是带领团队的机会。比如，如果你带着一位下属去参加客户会谈，就应该在会面中为他留出一个角色，这样能够建立客户对这位同事的信任。会后，你应该让下属负责与这位客户保持联系。你这样做，是帮助下属在客户面前增加信心。这样，客户会改变对这位下属的印象，变得更为尊重他；下属也会慢慢熟悉如何应对此类场合。

当团队成员从事可控风险的某项工作时遇到困难，优秀的领导者会及时挺身而出替下属挡子弹，差劲的领导者会对下属加以责难。优秀的领导者对团队成员的成就进行公开表彰和鼓励，这样，该成员会慢慢从"隐形身份"成长起来，变得更有担当。当你告诉团队其他人关于某位成员的杰出成就时，该成员的工作表现明显会变得更好。

有能力的领导者会帮助团队成员找到并接触到能帮助他们实现职业夙愿的贵人。与之相反，差劲的领导者会窃取团队成员的工作成果，并将他们冰冻、雪藏，让他们无出头之日。

人们会加入伟大的公司，离开差劲的领导者。选择加入伟大的公司是因为"宏观原因"，例如 CEO、公司品牌、福利或者文化。然而，我们刚才谈论的那些"成长"因子都是"微观原因"，由顶头上司发起的。人们一旦加入一家新公司，实际上，许多人会低估一位好领导的重要性。公司 CEO 太忙了，他们没有时间关注普通员工在组织里的进步。作为顶头上司，你是帮助团队成员获得职业提升和进步的最重要角色。

提拔

如果一位团队成员达到或者超越了公司对他表现的期望，并且在能力上有进步，这时，他肯定会期待获得晋升。你应该明白：指标 + 成长 = 提拔。

这就是你的团队成员从你这里需要得到的东西，你需要思考："我必须给下属们一些标准，让他们明白我期望他们做什么。然后我一定要保证他们有机会变得越来越好。当他们证明自己能够完成我布置的任务并超过我的期望时，我必须确保通过提拔来留住他们。"

提拔可以有多种方式，包括给予员工更多的职责、更多的资源、更高的薪酬和可能更高的职位。我从职业生涯中学到的是，领导者一直在激励团队成员达到他们的最佳表现。杰出的领导者能够以保持诚信并维护机构运营的方式来完成上述职责。

反应还是应对

上帝啊，请准予我平静地接受那些我不能改变的事情；请鼓励我去改变那些我可以改变的事情；并请给我智慧去分辨它们。

——莱茵霍尔德·尼布尔（Reinhold Niebuhr），美国神学家

每个人都知道膝跳反射这个标志性的测试：一位体育老师用一个塑料锤子去敲击人的膝盖部位，这时，测试对象的膝盖会不受思维控制地踢出。这在诊所是司空见惯的，但在商业世界则应该尽量避免。

团队成员（包括客户也是）会特别注意他们的领导者如何应对逆境和压力。如果领导者通常不假思索地行动，那么其采取的是非理性的应对措施。最好的领导者（以及专业人士）努力用应对来代替反应。

例如，在面对一次挫折或者一些未曾预料的坏消息时，一位聪明的领导者或许会在做出反应前说"在我的反应做出后，我希望能睡得着

觉"或是"我需要仔细思考一下"。国王爱德华八世（King Edward VIII）曾说过："永远不要错过能坐下来的机会。"**我建议你们不要错过能停下来思考的机会。**当你停顿下来，你就给了自己将判断变为分辨能力的机会，即通过仔细甄别，找到对当前局势最适合的处理方式的能力。举个例子来说明停顿的好处吧：当你迟一些回复一封邮件，经过深思熟虑，你的回应会显得更冷静、更智慧。

在我的职业生涯中，没有停顿的反应就好像膝跳反射一样，往往让我看起来很愚蠢。

你永远不会知道一个人何时需要走到台前，介入一件意想不到但情有可原的事情。许多年前，我与六位资深的商业高管受一位客户的邀请，在路易斯安那州南部的近海钓鱼。我们乘坐的驳船上，厨房和卧室的设施一应俱全。驳船停靠在墨西哥湾的一个沙洲上，三位向导用沙滩车把我们从一个钓鱼点带到另一个钓鱼点。在旅途最后一天的黄昏时分，我们正在沙滩车上行驶。一位向导发现了被海浪冲到沙滩上的三个捆好的包裹。每个包裹都是两英尺长宽高的立方体，用厚塑料布封得非常严实。

向导用他的渔刀划开塑料布，我看到了一些白色粉末蹦出来。我的直觉告诉我，这并不是糖或盐，可能是走私品。

领头的向导立刻封好包裹，冷静地告诉我们这是可卡因，我们需要立即回到驳船上。他会给地方治安官打电话，让警察过来处理这件事。

我们很担心这些包裹受到严密监控，放在那里实际上是等待匪徒来收走的。我们猜，这些坏蛋肯定装备了比我们鱼钩威力强大数倍的武器。我们发现这些包裹时，天已经黑了，我们非常担心自身安全。当天晚上八点，地方治安官用无线电跟驳船联系，通知我们他的船因触礁撞坏了，他需要请他姐夫开另一艘船带他到我们这里。晚上 11:30，当治安官终于到达我们的驳船时，我们感觉时间已经过了好久好久……

领头的向导把包裹放到治安官的船上，告诉他这（找到毒品包裹）完全是治安官的功劳，并告诉治安官不要提及我们的船和我们的身份。几天之后，美联社报道了这位乡村治安官发现了被海浪冲到沙滩上的三个包裹，内含 30 包高纯度的可卡因，总价值达 2 500 万美元。我们没有被新闻提及。

这位领头的向导展现了一流的判断力和领导力。他在处理走私货品和与地方当局沟通时找对了方法，确保了我们的安全。

适应性领导

当坚持之苦大于放弃之痛时，改变就发生了。

——斯宾塞·约翰逊（Spencer Johnson），

《谁动了我的奶酪》（*Who Moved My Cheese?*）一书作者

在本书的第一部分，我们讨论了在人们开启职业生涯时，情商和适应能力的价值。领导者们也需要有这样的能力，尤其在当今快速变化的全球商业环境中。

你可能听说过"**创造性破坏**"和"**破坏性技术**"这两个概念。创造性破坏是约瑟夫·熊彼特（Joseph Schumpeter）在他 1942 年的著作《资本主义、社会主义与民主》[⊖]中提出的。他借用生物学的术语，把"由内至外，使经济结构发生演变，不断毁灭，又不断创造出新的结构"的过程，称为"产业突变"（industrial mutation）；并说"这个创造性的毁灭过程就是资本主义的本质"。哈佛商学院教授克莱顿·M. 克里斯坦森（Clayton M. Christensen）在他 1997 出版的畅销书《创新者的窘境》[⊜]中提出了"破坏性技术"这个概念。破坏性技术是指一种能够撼动目前的主流技术并且动摇产业基础的技术，或者是一款能创造出全新行业的颠覆性产品。

创造性破坏和破坏性技术的存在，意味着领导者们不能只是简单地定下目标，然后让团队按部就班执行就可以了。一些学术和军事作家讨论了在宏观 VUCA 概念下的动态情况，VUCA 是**变化无常**（volatility）、**不确定性**（uncertainty）、**错综复杂**（complexity）和**模棱两可**（ambiguity）的英文首字母缩写，VUCA 描述了充满变化和挑战的情形：

- **变化无常**：快速的、剧烈的变动倾向。
- **不确定性**：因缺少分析和预测的能力带来的疑虑。
- **错综复杂**：因杂乱无章的融合加剧了秩序或简洁的缺失。
- **模棱两可**：不明确意图或者含义的事情，不够直截了当，难以理解。

⊖ 约瑟夫·熊彼特于 1942 年出版了《资本主义、社会主义与民主》（*Capitalism, Socialism and Democracy*）。

⊜ 哈佛商学院教授克莱顿·M. 克里斯坦森于 1997 出版了经典著作《创新者的窘境》（*The Innovator's Dilemma*）。

对于军队领导者来说，VUCA 降低了战略决策、准备计划、危机管理和突发事件解决等能力的重要性。

在与雷富礼（A. G. Lafley）合著的书《宝洁制胜战略》[一]中，罗杰·马丁（Roger Martin）使用了包含五种选择的综合概念来定义战略，包括"从哪方面着手"和"怎样赢"。这要求领导者们从宏观层面上适应国家经济和市场、法律法规，以及竞争对手和科技。

适应能力强的领导者也可以在微观层面上展示他们的调整。例如，领导者可以通过以下几种做法来激励他的团队成员：

- 时不时地尝试新方法的意愿。
- 在说"不"之前，倾听并考虑新想法的意愿。
- 第一个去尝试新的软件或者硬件设备。
- 面对团队成员的个人风格、工作时间、沟通方式或者怪异的个性，能够灵活地与之相处。

在一个动态变化的商业环境里，变化和适应对于领导者们来说非常重要。

[一]　罗杰·马丁和雷富礼于 2013 年合作完成的《宝洁制胜战略》（*Playing to Win：How Strategy Really Works*）一书。

第十九章

控制所能控制的

————

最难的事情莫过于决定去行动，剩下的只不过是坚强点儿。恐惧是纸老虎，你可以做任何你决定去做的事情。你可以行动起来，去改变、去掌控自己的生活；这其中的经历和过程是行动带来的奖励。

——阿梅利亚·埃尔哈特（Amelia Earhart），

航空界先驱

据我所知，那些最开心并且适应能力最强的人都高度自律。他们养成了好习惯：专注，健康的生活方式，理智的热情和好奇心。他们知道如何区分紧急事务和重要事务。自律使得他们能够做好事情并赢得他人的尊重。

在《清单革命：如何持续、正确、安全地把事情做好》[一]一书中，阿图·葛文德（Atul Gawande）博士描述了在外科手术实践中，通过严格使用清单，可减少感染和并发症。他论述了按部就班比直觉或者个人的高准确率更重要。他的书中还提供了飞行员、投资家的例子，他们通过严格的步骤得到了更好的结果。在变化不断和不确定性较高的快节奏环境里，严格按照程序、按部就班的方法会更有效。

可控因素包括为团队设定目标、为目标制定进度安排或者时间表，投入的成本和资源，以及一路走来你不断加强的沟通和团队协作。上述所有的可控因素不仅有助于向客户提供一流的服务，而且有助于建立持久的商业模式和强大的内部文化。

在体育界，教练经常说："你练习得如何，发挥得就如何。"我认识到，人们可以控制过程，但不能决定结果。优秀的过程并不能保证好的结果，但一定会提高得到理想结果的可能性。理想的过程和技巧是团队成功的秘籍，这为团队树立了清晰的目标，优化了为达到目标而需要考虑的各种事项。你应清楚地区分可控因素和不可控因素，结合自律和责任心，让你的团队把注意力放在可控因素上，避免浪费时间和精力在超出他们控制范畴的不可控因素上。在过程中继续坚持不放弃，最终，你的团队更具系统性，并认识到靠数据说话的价值，最终你也会成为一位杰出的领导者和管理者。

[一] 《清单革命：如何持续、正确、安全地把事情做好》（*The Checklist Manifesto：How to Get Things Right*）是由阿图·葛文德博士于 2009 年撰写的。作者主张使用一个更好的工具来综合处理泛滥的信息——清单。通过引人入胜的故事，他揭示了清单如何在不同的工作领域带来令人惊讶的改善和进步。

第二十章

最后的建议

─────────

10 本对你有益的书

读书越多，学到的知识就会越多。你学到的越多，就能去越多的地方。

——苏斯博士（Dr. Seuss），美国作家、画家

1.《亲吻，拥抱或握手》（*Kiss, Bow or Shake Hands*），泰瑞·莫里森（Terri Morrison）和韦恩·A. 科纳韦（Wayne A. Conaway）著。这本书可以帮助你在超过 60 个国家进行商务活动或旅游时避免文化失礼。书中包含各个国家的基本文化、历史和语言知识。你将在其中学到在许多其他国家做生意时的注意事项，包括沟通和决策的技巧。你也将学到在不同文化背景中如何祝贺他人和如何着装。

2.《如何说话》（*How to Say It*），罗莎莉·玛吉欧（Rosalie Maggio）

著。这不仅是一本好书，更是一份珍贵的指引和参考。当你盯着空白的屏幕或一张白纸，发愁如何起草一封邮件或信件时，就使用这本书来快速找到你需要的那些修辞和词汇吧。在你的职业生涯和个人生活中，书面沟通是一项至关重要的软技能，这本书将会提高你的写作能力。书中的话题包括致谢、道歉、祝贺和哀悼等。

3.《激流男孩》（*The Boys in the Boat*），丹尼尔·詹姆斯·布朗（Daniel James Brown）著。1936年柏林奥运会上，美国奥运赛艇队令人振奋的夺金故事向我们展示了：当心怀目标和积极的态度时，团队的潜力是无限的。

4.《货币崛起》（*The Ascent of Money*），尼尔·弗格森（Niall Ferguson）著。这位著名的经济史学家阐述了货币发展的过程：现金和信用的诞生和发展，债券市场的发展史，股票市场，保险业，以及伴随着泡沫的房地产市场。他阐述了货币和人类诸多成就间的联系，并描述了银行家在资本主义经济中至关重要的作用。

5.《创始人：新管理者如何度过第一个90天》（*First 90 Days*），迈克尔·D.沃特金斯（Michael D. Watkins）著。当你换了新工作、新职业或新老板时，这本书是一份很好的职业转换指引。你会在书中找到经理人在新环境的最初90天内可以用到的实操程序，帮助你更好地熟悉情况和迎接新的挑战。作者提醒到，经理人不要假定自己现有的能力在新岗位中同样适用，作者鼓励经理人先追求低标准的早期小步成功，从而避免过早发生的错误。

6.《人性的弱点》（*How to Win Friends and Influence People*），戴尔·

卡耐基（Dale Carnegie）著。"这本书改变了我，"沃伦·巴菲特说，"这本书是最成功的自助类书籍……卡耐基对此居功至伟。"卡耐基对人性的理解非常深刻。他相信职业的成功 15% 归因于专业知识，85% 归功于"表达想法、展现领导力和在人群中唤起同理心的能力"。卡耐基在书中斥责了玩弄人际关系的方式，他提出的技巧和技能是为了让人们真正感受到自身的价值并被他人欣赏。

7. 《负利率时代》（*The Only Game in Town*），穆罕默德·埃尔－埃里安（Mohamed El-Eria）著。谁能料到，这样一本讲述宏观经济的书籍可以如此生动有趣、用词准确，还与我们的生活息息相关。缓慢的全球增长，加剧的不平等，高企的失业率，以及巨大波动的金融市场正在将世界带入荆棘之路。关于我们能否重新恢复增长、繁荣和金融市场稳定，抑或是重新陷入衰退和市场乱局，对于曾经"城里的唯一游戏"，中央银行已经无法再独揽大权、力挽狂澜。房屋所有者、投资人、公司和政府均对我们未来的方向产生影响。

8. 《谁动了我的奶酪》，斯宾塞·约翰逊（Spencer Johnson）著。事情在变化，学着去适应吧。本书生动地阐明了适应变化的重要性。针对职场和生活中的每一环节，该书为减轻压力和追求成功提供了宝贵的指导。

9. 《从优秀到卓越》（*Good to Great*），詹姆斯·C. 柯林斯（James C. Collins）著。本书揭示了公司保持卓越的秘诀。柯林斯和他的团队通过研究 1 435 家大型公司，发现了这些公司在业绩跨越式上升期间的共同特质。作者发现，这些特质与公司是否处在潮流之中没有关系。在企业从优秀到卓越的历程中，企业文化的重要性远超公司战略和企业战略、技术和明星 CEO 带来的影响。

10.《异类》（*Outliers*），马尔科姆·格拉德威尔（Malcolm Gladwell）著。这本书写到，一旦人际能力达到了 130，智商就变得不那么重要，而无形资产则会越来越重要。格拉德威尔强调，无形资产包括一个人的韧性和敏捷度。格拉德威尔要传递的重点信息之一是：一个人获得成功的概率跟他不断练习的意愿是直接相关的。格拉德威尔在书里举了很多成功人士的事例来证明练习的意愿是这些人获得成功的关键。

有效的实操技巧

- 会议：
  ◇ 如果你要选择开始时间，选择上午 10:15，而不是上午 10:00。参会者会认识到时间的精确度，并会准时出席。
  ◇ 在客户会议的前一天再次确认会议信息，特别是需要出差的会议。
  ◇ 如果你约好会面，但是突然去不了，可以推迟而不是取消。推迟听起来不那么唐突，表示你对会面还是感兴趣的。
  ◇ 对早晨召开的异地会议，要在会议的前一晚到达。如果你因为早班飞机延迟而错过了会议，你的客户会不高兴，你会因此失去这次连接客户的机会。
  ◇ 请同事在客户会议的时候介绍自己。这给了他们在客户会议上发声的机会。请他们清楚地介绍自己的名字，并合宜地介绍他们的角色和职位。

◇ 如果在会议开始的时候，客户向你提供了饮品，你需要接受。客户正向你展示他的热情好客，你如果拒绝会向客户传递错误的信息。不过，你没必要喝完。

◇ 早点到达内部会议会场。你可以向主持会议的人提供帮助；你可以跟早到的其他人闲聊，更好地认识对方；你可以在会议室里坐下，准备高效参与，而不是跟那些"时髦迟到"的人站在最后一列。

◇ 前白宫发言人卡尔·艾伯特（Carl Albert）曾说过："手无寸铁，何以攻敌。"他想表达的是，类似"这是一个糟糕的建议""我反对"的话是毫无意义的，更有效的说法是"这个选择很好，我有一个更好的提议，以下是这样做的原因"。这种方法把你从一位爱唱反调的批评者变成了建设性意见的提供者。

• **个人互动**：

◇ 一个人的名字是个人身份的最重要连接。称呼人名的时候要注意，特别是跟久未谋面的人会面时。记住对方的名字并合宜地称呼对方，是对别人的尊敬。在发送邮件的时候，把名字加上，即使用最短的篇幅。比如，"谢谢，伊利"或者"准备出发，凯特"。

◇ 在对方不记得自己的名字时，主动说："你好，我是吉姆·朗德，非常高兴再次见到你。"这使得谈话以双方更舒服的方式进行，比下述的方式高明太多了："你还记得我吗?""我们曾经见过。"

◇ 在回复未接电话时说："不好意思，我错过了你的电话。"这种方式比下述方式更合宜："怎么啦?""你打电话啦?"

◇ 送一本书给同事和客户是很好的礼物，记得用漂亮的手写体
写下，"赠给××，开卷有益"。

- **传奇律师乔·弗洛姆（Joe Flom）曾告诉我："永远都要让另一个人审阅你的文稿。"**

  ◇ 你起草的文件可能是一份合同或者业务聘书，也可能是一份
  工作介绍、一个项目简介或者你要发给老板的内部通报。乔
  解释到，错过起草第一稿文件的情况会时有发生，可能是因
  为你没有时间或没有兴趣。起草第一稿，比你审阅和编辑他
  人的草稿，往往需要投入更多的资源。主动完成复杂困难的
  起草第一稿工作，意味着其他人只能在你的结构上进行调
  整，或者只能在你的建议书上改一改格式。正因为以上的理
  由，你要抓住机会，主动地拿起笔，起草第一稿文件。优秀
  的第一稿应该用词准确，结构完整，平衡了你的需求和想
  法，而不是一边倒支持某种观点，避免看起来像是过度延伸
  或者缺乏真心实意。

- **在你的职业生涯中，总会遇到需要做重要决定的时刻。以下是
  供整理思绪的建议清单：**

  ◇ 我是被高尚的道德所吸引，还是自私自利地从自我角度
  出发?

  ◇ 我是力求切实、卓越的工作成效，还是只追求完美的解决
  方案?

  ◇ 我是踌躇不前还是坚决果断?

◇ 我做决定是基于恐惧或者愤怒吗?

◇ 如果我对目前的情况置之不理,会发生什么事情?

◇ 我建议你跟你社交圈的人谈话。跟他们一起过一遍本清单,并问对方自己有没有遗漏,请对方审阅自己选择的得失,一起讨论如何避免分析麻痹。

◇ 另外,你在扮演导师的角色时,或者其他人在做决定前向你求助时,你也可以使用这张清单。

- **如果你想变得更积极、更有责任感,你就去尝试:**

  ◇ 调动你的积极性、人脉资源和聪明才智,审慎地做职场决策,而不是在职场上不假思索地蛮干硬闯。

  ◇ 通过阅读、提问和练习,积极打磨和扩展你的技巧,而不是被动地等候他人喂养你。

  ◇ 与使你更正面、更高效的朋友交往,远离那些愤世嫉俗和呆滞麻木的人。

  ◇ 把重点放在有积极意义的坚持上,而不是消极意义的耐心上。

总结

银行和其他的专业服务机构都面临人才短缺的困境,特别是在思维和行动上与公司一致的人才,这种人才需要在人际交往、建立以信任为基础的客户关系、领导团队、拥护公司的战略和文化,以及承揽业务等方面有突出的能力。我写作这本书的目的是,帮助你从我的经验和失败中学习,帮助你在职业生涯的每一步都成为一位观念正确的优秀人才。

在职业生涯初期，你可能已经发现，你跟其他的同事一样，都是既聪明又勤奋的人。软技能，比如情商（适应能力、分享与协作、同理心）能帮助你在职业生涯初期就脱颖而出。理解公司的文化并将其融入你的行为，会让你进一步领先。另外，你还要重视与老板的交流、社交，以及寻找导师和支持者。上述内容构成了成功的重要法则——能力、机遇和勇气。

在你的职业生涯第二阶段，专注于服务客户的时候，客户的信任和欣赏比起百科全书般的知识和熟识的公式更有力量。将客户关系转化为收入很重要，虽然那并不容易。你需要掌握从信息中提炼洞察力的艺术，并合理地分配时间。

在你的职业生涯第三阶段，你需要领导和建立团队。这本书对委用和激励团队成员、打造杰出的领导者提供了建议和案例。在当今的商业世界，一位领导者需要适应科技、人口的变革。

现在，我鼓励你放下书本，把这些想法和建议应用到真实的生活中。若是本书能够改变你的观念，甚至是你的行为，那么本书就算是有价值了。我衷心希望，这些工具能够帮助你走向满意的、成功的职业生涯。

关于作者

詹姆斯·A. 朗德（James A. Runde）作为投行家和公司独立董事，曾服务过诸多世界顶尖的公司，是一位值得信赖的顾问。他曾在摩根士丹利效力超过 40 年，是美国在同一家投资银行效力时间最长的投行家。詹姆斯是美国大型连锁零售集团克罗格公司（Kroger Company）的董事。詹姆斯还曾是伯灵顿资源（Burlington Resources）的董事——伯灵顿资源是一家大型的石油天然气勘探开发公司。他还是摩根图书馆（Morgan Library）和马凯特大学（Marquette University）的理事。

詹姆斯在威斯康星州的斯巴特（Sparta）长大。他获得了美国海军预备役军官训练营的奖学金，并在马凯特大学获得电气工程学位。接下来，詹姆斯在美国海军服役五年，同时完成了乔治·华盛顿大学商学院的硕士课程。

詹姆斯因在 UPS 艰难的上市之路中担任顾问而闻名。他在交通和基础建设领域有着丰富经验，还曾在国会发表建议。

在摩根士丹利工作期间，他作为投行家的艺术已经成为一代传奇。他在科技和能源领域的高效领导力堪比他在交通领域的建树。詹姆斯被任命为摩根士丹利的副主席。另外，在客户管理方面，他常常为其他投行人士提供关于情商、以信任为基础的客户关系等软技能的指导。在专业服务机构中，詹姆斯的演讲享誉全球。

　　本书是詹姆斯过去演讲内容的精华。他承袭了教师父母的教导和指导他人的人生艺术。读者能在书中找到各类实用工具和实操技巧，为职场的不同阶段提供帮助。